AF635285

Das Ruhrgebiet erfahren

Radfahrer an der
Zeche Waltrop

Karsten-Thilo Raab

Das RUHRGEBIET erfahren

25 Radtouren durch malerische Landschaften, zu reizvollen Städten und kulturellen Highlights

BRUCKMANN

Im Ruhrgebiet lässt es sich auf alten Bahntrassen genussvoll radeln.

Inhalt

Liebevoll angelegt: Der Kurpark in Hamm

Pflanzenpracht im Klostergarten in Kamp-Lintfort

Sicherheitstor am Datteln-Hamm-Kanal bei Bergkamen

Vorwort

Wie der Mensch, so das Ruhrgebiet

Nicht erst seit das Ruhrgebiet im Jahre 2010 als „Europas Kulturhauptstadt“ fungierte, rückte der „Kohlenpott“ mehr und mehr auch touristisch in den Fokus. Wohl auch, weil Europas größter Ballungsraum längst zu einem Synonym für Abwechslung und Vielfalt avanciert ist. Vorbei sind die Zeiten, als Kumpel unter Tage das schwarze Gold förderten; vorbei sind die Zeiten rauchender Schlote, deren Ausstoß die Luft vernebelte, vorbei ist der laut scheppernde Klang der (allermeisten) Stahlhämmer.

Ohne Frage hat das Revier sein Gesicht nachhaltig gewandelt, ohne seine industrielle Vergangenheit leugnen zu können und zu wollen. Abraumhalden sind zu blühenden Landschaften geworden. Auch sonst mutet der Pott wesentlich grüner an, als alte Klischees vermuten ließen. Nicht von ungefähr fungierte Essen im Jahre 2017 als „Europas grüne Hauptstadt“. Aber auch die anderen Ruhrgebietsstädte und -kreise überraschen mit viel Wald, Wiesen und Feldern sowie einer faszinierenden Fluss- und Seenlandschaft.

Zahlreiche Zeugnisse aus längst vergangener Zeit – von Burgen und Schlössern über Industriedenkmäler – warten darauf, entdeckt zu werden. Dabei verfügt das Ruhrgebiet über ein exzellentes, stetig wachsendes Netz an Radwegen. Und die Dichte der Städte sorgt dafür, dass es nie weit zum nächsten Bahnhof oder S-Bahnhalt ist. Perfekte Voraussetzungen, um eine der wohl spannendsten Regionen Deutschlands vom Fahrradsattel aus zu entdecken.

Als Bonus gibt es Begegnungen mit einem besonderen Schlag Mensch, der wie das Ruhrgebiet selber ist: mal rau, mal schroff, mal faszinierend und begeisternd. Viele tragen ihr Herz auf der Zunge, sind direkt, offen und herzlich. Um das Pott-Feeling abzurunden, bedarf es nur noch einiger kulinarischer Genüsse wie der „Manta-Platte“ (Pommes mit Currywurst) oder des „Ruhrgebiets-Sushis“ (Mettbrötchen).

Selbst wer auf die fetthaltigen Geschmacksträger verzichtet, wird sich im Revier schnell wohlfühlen. Oder, wie es die heutigen Erben der Stahlarbeiter und Kumpel in ihrer unnachahmlichen Art gerne einmal augenzwinkernd ausdrücken: „Woanders is' auch Schei…“.

Kurpark in Hamm

Einstimmung

Vom Kohlenpott zum Weltkulturerbe

Ohne Frage ist das Ruhrgebiet eine absolute Wundertüte. Es braucht nicht lange, um zu erkennen, dass die alten, verkrusteten Klischees von qualmenden Schornsteinen in dem einstigen Kohle- und Stahlrevier kaum mehr als ein Vorurteil sind. Die letzte Zeche des viel beschriebenen Kohlenpotts schloss 2018. Zwar finden sich in der dicht besiedelten Region im Herzen von Nordrhein-Westfalen noch immer Relikte der industriellen Vergangenheit, doch längst genießen einstige Stahlwerke wie im Landschaftspark Duisburg-Nord, die ehemalige Henrichshütte in Hattingen oder die zum Weltkulturerbe der UNESCO erhobene Zeche Zollverein in Essen fast schon Kultstatus. Die einstigen Kathedralen der Montan- und Kohleindustrie haben sich zu spektakulären Freizeitarealen mit riesigen Angeboten gewandelt.

Viele der einstigen Bahntrassen, über die dereinst die kleinen Zechenbahnen zuckelten und ruckelten, sind heute zu gut ausgebauten Radwegen umgestaltet worden. Routen, die frei von Autos und auch ohne Elektromotor selbst für wenig geübte Radfahrer leicht zu bewältigen sind – schließlich konnten die alten Zechenbahnen nur geringe Steigungen bewältigen. Hinzu kommt ein dichtes Radwegenetz entlang der Flüsse, Seen und Kanäle. All diese Strecken verlaufen nahezu komplett abseits der Straßen.

Landschaft und Industriekultur

Und noch etwas haben die Radrouten im Ruhrgebiet gemeinsam: Sie führen immer wieder zu Besonderem und Unerwartetem. Das beginnt damit, dass ob der riesigen Waldflächen, unzähligen Feldern und Wiesen schnell klar wird, wie grün doch Europas größter Ballungsraum tatsächlich ist. Hinter nahezu jeder Biegung wartet ein neues Aha-Erlebnis.

Kommunistenkurve in Lünen

Natürlich sind – auch das gehört zur Wahrheit – Jahrzehnte der Industrialisierung nicht spurlos am Ruhrgebiet vorbeigegangen. Aber gerade das macht auch den besonderen Charme der Radtouren zwischen Hamm und Wesel, zwischen Hagen und Haltern am See aus. Denn gerade auch die ehemaligen Arbeitersiedlungen sind nicht nur aus architektonischer Sicht überaus spannend.

Marina am Schiffshebewerk Henrichenburg

Für besondere Erlebnisse stehen zudem die unzähligen Halden. Auf dem verdichteten Abraum der ehemaligen Bergwerke, die das Ruhrgebiet zu einem Land der künstlichen Berge haben werden lassen, sind begrünte Freizeitoasen geworden, die zumeist mit spektakulären Kunstwerken und Installationen zu begeistern wissen – und dies bei freiem Eintritt.

Häfen, Burgen, Shoppingmalls

Entlang der vielen Wasserstraßen, deren Uferwege fast ausnahmslos per Rad erschlossen sind, finden sich neben klassischen Verlade- und Umschlagsplätzen auch besondere Hafenareale wie der spektakuläre Duisburger Innenhafen oder der Stölting Harbour in Gelsenkirchen. Abgerundet wird das schier unerschöpfliche Angebot des „Potts" durch eine grandiose Museumslandschaft und beeindruckende Zeugnisse einer langen bewegten Geschichte, deren Bogen sich vom Römerpark in Xanten bis hin zu den sterblichen Überresten des ältesten Westfalen, die im Wasserschloss Werdringen in Hagen in Augenschein genommen werden können, spannt.

Überhaupt wartet das Revier mit Dutzenden stolzen Schlössern, Burgen und Herrenhäusern auf. Hinzu kommen charmante Städte voller Fachwerkcharme wie Hattingen und hochmoderne Einkaufsareale wie das Centro in Oberhausen, die Thier-Galerie in Dortmund oder der Limbecker Platz in Essen. Und das Beste: All dies lässt sich im wahrsten Sinne des Wortes vom Fahrradsattel aus erfahren. In diesem Sinne: Viel Spaß bei den ausgewählten Touren durch das Ruhrgebiet!

Ungeahnte Vielfalt

Torhaus am Stadtgarten in Bottrop (o. li.). Innenhafen in Duisburg (o. re.). Baldeneysee in Essen (u. li.). Förderturm der Zeche Teutoburgia in Herne (u. re.).

1

Drei-Städte-Genuss

Trassenradeln durch Wattenscheid, Gelsenkirchen und Essen

mittel | 34,7 km | 143 Hm | 2.20 Std.

Highlight: Welterbe Zeche Zollverein

Ausgangs- und Endpunkt
Bahnhof Wattenscheid

GPS
51.47378, 7.14007

Anfahrt
Der Bahnhof Wattenscheid ist Haltepunkt zahlreicher Regionalbahn- und S-Bahnlinien – darunter der Rhein-Ruhr-Express (RRX, www.rrx.de).

Tourencharakter
Abgesehen vom kurzen, wenig attraktiven Stück zwischen dem Bahnhof Wattenscheid und der Halde Rheinelbe geht es fast ausschließlich über gut ausgebaute Radwege und ehemalige Bahntrassen – und dies ohne nennenswerte Steigungen. Wer der Route andersherum folgt, muss jedoch ein paar Anstiege bewältigen.

Informationen
www.ruhr-tourismus.de
www.visitessen.de
www.gelsenkirchen.de
www.bochum-tourismus.de

Auf dem Rundkurs vom Bochumer Stadtteil Wattenscheid über Gelsenkirchen und Essen warten einige lohnenswerte Stopps, von der Zoom Erlebniswelt bis hin zum UNESCO-Weltkulturerbe Zeche Zollverein.

Hässliches Entlein Startpunkt ist der Bahnhof Wattenscheid. Wir biegen rechts ab in die Ernst-Reuter-Straße und an der Kreuzung links in die Bahnhofstraße, um unter der A40 hindurchzurollen. Nachdem wir den Park zur Rechten passiert haben, biegen wir links ab in die Propst-Hellmich-Promenade. Es geht wenig später rechts in die Straße An der Papenburg. Vor der Einfahrt in die Tiefgarage halten wir uns links in die Römereigasse. An der nächsten Ecke halten wir uns wieder links. Wir folgen der Weststraße über die Kreuzung Lyrenstraße hinweg. Nach dem Haus Nummer 62 biegen wir rechts in den Fuß- und Radweg ab.

Radtrasse zwischen Wattenscheid und Gelsenkirchen

Haldenkunst Im Blickfeld erscheint der Förderturm der einstigen Zeche Holland. An der ersten Gabelung halten wir uns links und rollen an einem Wasserband entlang. An der Brücke fahren wir rechts, überqueren die Josef-Haumann-Straße. An der ersten Weggabelung halten wir uns links und folgen dem Weg zur Lohrheidestraße. Diese überqueren wir geradeaus. Rechter Hand liegt das Stadion Lohrheide, in dem der Ex-Bundesligist SG Wattenscheid 09 seine Heimspiele austrägt, und vor uns erscheint die Halde Rheinelbe. Wir folgen dem Weg in einem Halbkreis um die Halde herum und nehmen den zweiten Abzweig nach rechts. Wer den ersten Abzweig nimmt, kommt nach einem 600 Meter langen Anstieg hinauf zur Halde Rheinelbe mit der Skulptur Himmelstreppe.

Zeche Holland in Wattenscheid

Genussradeln zum Zoo Wir folgen dem Radweg, überqueren die Bochumer und Ückendorfer Straße. Am Knotenpunkt 46 biegen wir links ab. Hier befindet sich auch ein kleiner Kiosk, der Speisen und Getränke vorhält. Wir folgen der Trasse über eine aufgestelzte Brücke. Etwa bei Kilometer 10,8 ist der nächste Knotenpunkt erreicht. Hier besteht die Möglichkeit, links abzubiegen, um nach 900 Metern zum Eingang der

ZOOM-Brücke am Hafen Grimberg

ZOOM Erlebniswelt, des grandiosen Gelsenkirchener Zoos, zu gelangen. Wir radeln weiter geradeaus, mit dem Zoo zur Linken. Kurz bevor es auf eine spektakuläre Brücke, die ZOOM-Brücke am Hafen Grimberg, geht, halten wir uns links. Wir rollen nicht (!) über die Brücke, die sich auf einer Länge von 150 Metern halbkreisförmig im Bogen über den Rhein-Herne-Kanal spannt und „Grimberger Sichel" genannt wird.

Charmantes Hafenflair Wir folgen der geschotterten Piste entlang des Rhein-Herne-Kanals. Etwa bei Kilometer 12,5 ist ein Hafenbecken mit moderner Wohnbebauung und Gastronomie erreicht. Der Stölting Harbour mit seiner Marina lädt zu einer Verschnaufpause ein. Wir folgen dem Uferweg, kommen zur Einfahrt des Gelsenkirchener Hafens. Mithilfe einer Brücke gelangen wir über das Wasser, bevor der Weg wieder ans Kanalufer abschwenkt. Wenig später ist die Schleuse Gelsenkirchen erreicht. Wenn rechter Hand die Zufahrt zum Betriebsgelände der Schleuse liegt, halten wir uns links und folgen für ein kurzes Stück der Straße. An der nächsten Möglichkeit geht es rechts und weiter am Kanalufer entlang. Nun begleiten uns als Blickfänge Hafenanlagen mit mächtigen Tanks.

Schleuse Gelsenkirchen

Faszination Nordsternpark Am Knotenpunkt 90 biegen wir links ab, um in den Nordsternpark zu gelangen. Wir rollen die Rampe hinauf, halten uns rechts, fahren über die Bogenbrücke und folgen dem Weg durch den Nordsternpark. Nachdem wir die Emscher überquert haben, halten wir uns rechts über die Brücke. Rechter Hand kommt ein Schaubergwerk in den Blick, wenig später ist der ehemalige Förderturm der Zeche Nordstern erreicht. Wenn wir wieder auf eine Straße treffen, liegt vor uns das Restaurant *Heiner's*. Hier wenden wir, um für ein Stück auf demselben Weg zurückzurollen. Es geht vorbei an der Pyramide, von deren Gipfel sich herrliche Ausblicke eröffnen, und nach der Bogenbrücke rechts auf den geschotterten Weg.

Nordstern-Park in Gelsenkirchen

Wall of Fame Für ein Stück rollen wir etwas erhöht parallel zum Uferweg weiter. Schließlich treffen wir auf den Uferweg und halten uns links. Rechter Hand liegt auf der anderen Kanalseite die Wall of Fame, eine riesige Graffiti-Fläche. Unmittelbar vor einer Brücke geht es links die Rampe hinauf. Am Knotenpunkt 61 biegen wir links ab und erreichen Essen. Wir queren die Arbeitersiedlung Hegemannshof, die zwischen 1890 und 1895 als Wohngebiet für die Familien der Zeche Haniel errichtet wurde. Hinter den Häusern standen den Familien Nutzgärten für den Anbau von Obst und Gemüse und Ställe für das Halten von Nutzvieh zur Verfügung.

Industriekathedrale und Moschee Wir rollen weiter geradeaus auf der Trasse. Nach knapp 300 Metern wartet der nächste Blickfang mit der Fatih-Moschee. Der Kuppelbau mit 15 Metern Durchmesser verfügt über ein 30 Meter hohes Minarett. Der Gebetsraum wurde mit Mosaikkacheln, arabischen Inschriften und Kronleuchtern gestaltet. Direkt nach der Moschee und der Brücke über die Schalker Straße liegt links der Sitz des Verbandes Deutscher Brieftaubenzüchter. Hierzu gehört die weit über Essen bekannte

Guten Appetit

An der Marina des Stölting Harbours lässt sich im *Purino* (Johannes-Rau-Allee 15–19, 45889 Gelsenkirchen, Tel. 0209/70 26 43 04) mit Blick auf das Wasser entspannen. Pizza und Pasta verleihen dem Restaurant und Biergarten bei Sonnenschein einen Hauch von Mittelmeer am Rhein-Herne-Kanal.

Fatih-Moschee in Essen

Taubenklinik. Rechts befindet sich das Areal von Zollverein Triple Z. Der Name steht für Zukunfts-Zentrum-Zollverein. Knapp 100 Firmen, Büros, Produktionsflächen und Konferenzräume sind in historischen Gebäuden, die zur ehemaligen Schachtanlage 4/5/11 der Zeche gehörten, untergebracht.

Erfahrungsfeld der Sinne Am Knotenpunkt 60 biegen wir links ab Richtung Gelsenkirchen-Ückendorf. Wer hier gerade-

Ruhrgebiet-Erfahrung: Phänomania Erfahrungsfeld der Sinne

Ob man tatsächlich (noch) alle Sinne beisammen hat, lässt sich im Phänomania Erfahrungsfeld der Sinne (Am Handwerkerpark 8–10, 45309 Essen, Tel. 0201/30 10 30, www.erfahrungsfeld.de, Mo–Fr 9–18, Sa–So u. feiertags 10–18, 8 EUR, ermäßigt 7 EUR) testen. Dort kann man lauschen, tasten, fühlen, wiegen, strudeln, tapsen, schnuppern, schwingen, summen, schalten, knipsen, drehen, kurbeln, staunen und auch lärmen. Mitmachen und Ausprobieren sind hier ausdrücklich gewünscht. So erfährt der Besucher, wie sein Auge sieht und wie leicht und gern es sich täuschen lässt. Darüber hinaus gibt es etwas auf die Nase – oder, besser gesagt, vor die Nase: Am Riechbaum lassen sich angenehme, ungewöhnliche und unerträgliche Gerüche erschnüffeln. Neben der sinnlichen Wahrnehmung geht es auch darum, die Gesetze der Natur besser zu begreifen.

aus fährt, kommt nach 1,2 Kilometern zum Weltkulturerbe Zeche Zollverein. Etwa bei Kilometer 26 liegt rechte Hand der Förderturm der Phänomania – Erfahrungsfeld der Sinne. An der T-Kreuzung bei Kilometer 28,6 biegen wir rechts ab. Wir folgen der Trasse, überqueren die Leithestraße. Wenn rechter Hand eine Skulptur erreicht ist, biegen wir um 180 Grad nach rechts ab, um im Halbkreis um die Halde Rheinelbe herumzurollen. Wir fahren über die Brücke, gelangen wieder an die Lohrheidestraße, überqueren diese geradeaus und rollen durch die Grünanlage. Nach einem Gewerbebetrieb biegen wir rechts ab, überqueren die Josef-Haumann-Straße, um uns vor dem Wasserband links zu halten. Am Ende des Wasserbandes halten wir uns rechts und folgen dem Weg bis zur Weststraße, in die wir links abbiegen. Wir rollen über die Kreuzung und halten uns vor der Kirche rechts durch die Römereigasse. Wir biegen rechts ab in die Straße An der Papenburg und an der Kreuzung links in die Propst-Hellmich-Promenade. Schließlich geht es rechts in die Bahnhofstraße. Wir folgen dieser unter der A40 hindurch, biegen rechts ab in die Ernst-Reuter-Straße und gelangen wieder zum Ausgangspunkt am Bahnhof Wattenscheid.

Optische Täuschung im Phänomania Erfahrungsfeld der Sinne

Geruchsprobe im Phänomania Erfahrungsfeld der Sinne

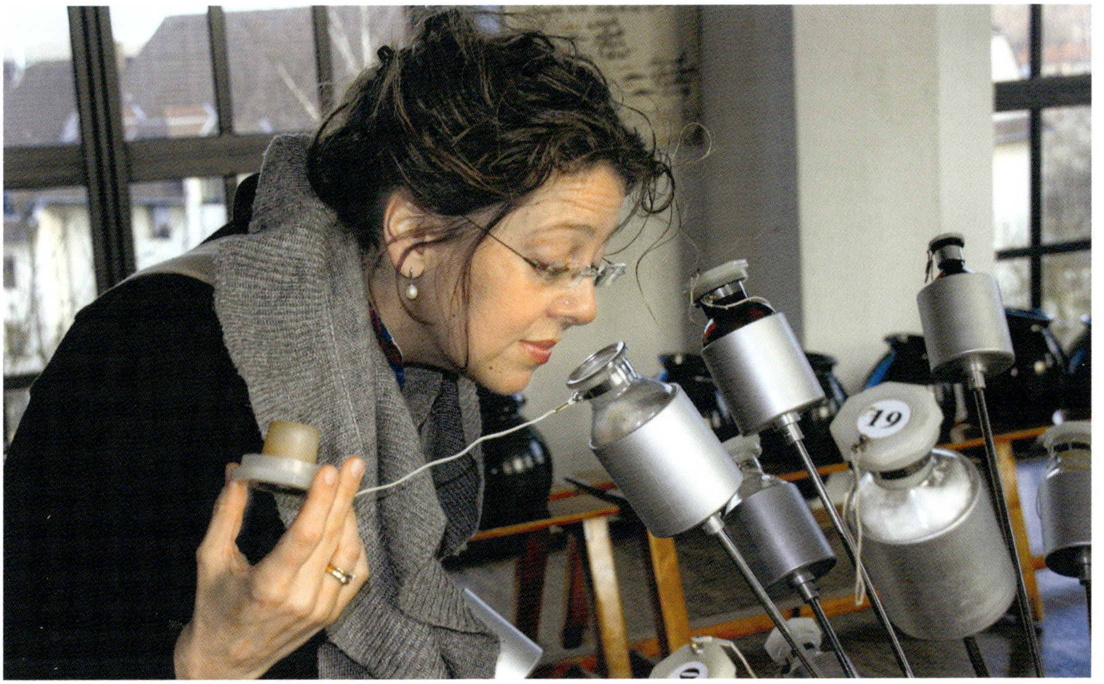

2

Landpartie rund um Unna

Malerisch durch das östliche Ruhrgebiet

mittel | 46,1 km | 352 Hm | 3.10 Std.

Highlight: Kettenschmiedemuseum

Ausgangs- und Endpunkt
Bahnhof Unna

GPS
51.53866, 7.69284

Anfahrt
Der Bahnhof Unna ist u. a. ab Dortmund mit der RB 59, ab Hamm oder Hagen mit der RE 13 oder ab Münster bzw. Hamm mit der RE 7 zu erreichen (www.bahn.de).

Tourencharakter
Mit Ausnahme kleiner Stücke führt die Tour nahezu komplett über gut ausgebaute Radwege oder wenig befahrene landwirtschaftliche Nutzwege. Allerdings gilt es die eine oder andere Steigung zu bewältigen.

Service
Direkt angrenzend am Bahnhof Unna liegt eine Radstation (Bahnhofstr. 78, 59423 Unna, Tel. 02303/30 40 72, www.dasdies.de/radstationen/unna-bf, Mo–Fr 9–18).

Informationen
www.ruhr-tourismus.de
www.unna.de

Die herrliche Landpartie führt über gut ausgebaute Radwege, ruhige Nebenstraßen oder landwirtschaftliche Nutzwege durch einen der schönsten Teile des östlichen Ruhrgebiets.

Raus aus der Stadt Wir verlassen das Bahnhofsgebäude, halten uns links und folgen der Bahnhofstraße vorbei am Busbahnhof. An der Ampel überqueren wir den Ostring und rollen in die Grünanlage. Wir halten uns links auf den Fuß- und Radweg und fahren ein Stück unterhalb der historischen Stadtmauer vorbei. An der nächsten Ampel biegen wir links ab in die Morgenstraße und überqueren den Ostring. In Höhe der Bushaltestelle „Tennishalle" biegen wir vor der namensgebenden Sportstätte links ab in den Fuß- und Radweg. Wir unterqueren die Bahnlinie und rollen parallel zum Schienenstrang an Feldern entlang. Wenn der Radweg an der Heerener Straße endet, halten wir uns links und biegen an der ersten Möglichkeit

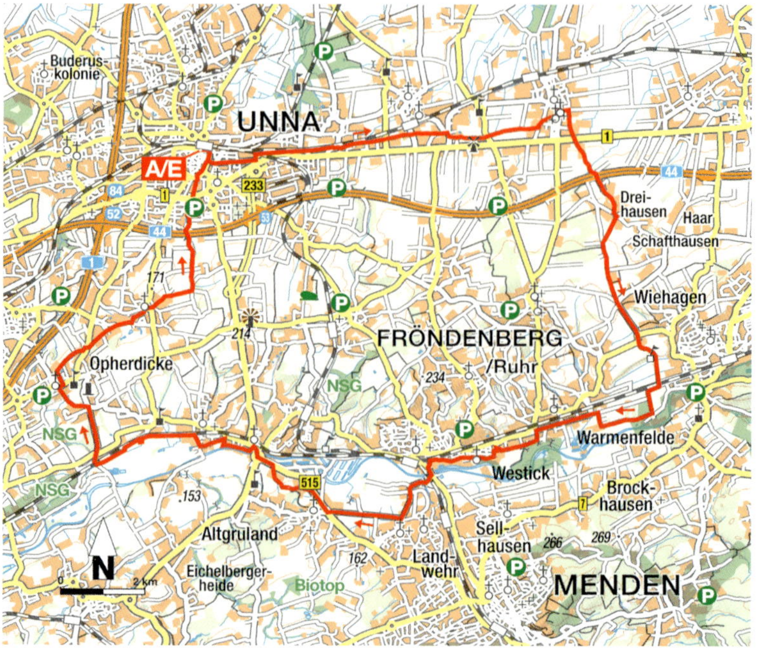

Fachwerkcharme in der Altstadt von Unna

rechts ab in den Mühlhausener Hellweg. Dieser geht in den Stockumer Hellweg über.

Hemmerder Fachwerkcharme Wenn wir am Rande des Unnaraner Ortsteils Stockum auf eine abknickende Vorfahrtsstraße treffen, rollen wir geradeaus und biegen an der nächsten Möglichkeit rechts ab. Unmittelbar nach dem Ortsausgang von Stockum geht es nach links. Wenn der Weg endet, fahren wir links in die Straße Auf dem Winkel und biegen nach einem roten Backsteinhaus rechts in den Fuß- und Radweg ab. Wir passieren einen Friedhof und halten uns an der Kirche (St. Peter und Paul Hemmerde) auf die Hemmerder Dorfstraße. Hier begrüßen uns im Unnaraner Ortsteil Hemmerde eine Reihe schmucker Fachwerkhäuser. Mit der Gaststätte *Zur Post* liegt linker Hand eine Einkehrmöglichkeit mit Biergarten, wo neben Fisch- und Putengerichten vornehmlich Grillspezialitäten serviert werden.

Tierisches Dreihausen Wir biegen nach der nächsten Kirche (Evangelische Kirche Hemmerde) rechts ab und folgen dem Holtumer Weg. An der T-Kreuzung halten wir uns rechts auf die Straße Hemmerder Landwehr. Wir rollen geradeaus, überqueren die B 1 (Werler Straße) und strampeln weiter Richtung

Landpartie vor den Toren von Unna

„Dreihausen". Es folgt ein langer Anstieg, bevor wir die A44 queren und die Ortschaft Dreihausen erreichen. Die örtliche Bushaltestelle trägt den passenden Namen „Autobahn", auch weil diese hier lautstark zu vernehmen ist. Nach einer kleinen Kapelle biegen wir rechts ab. Hier ist auch „Dreihausen 4" ausgeschildert. An der nächsten T-Kreuzung geht es nach links. Wenn wir auf eine abknickende Vorfahrtsstraße treffen, rollen wir weiter geradeaus. Ebenso an der nächsten abknickenden Vorfahrtsstraße.

Der bunte Winnie Nachdem wir die Gleise überquert haben, halten wir uns rechts auf die Wickeder Straße. Wenn diese nach einer Linkskurve nach rechts abschwenkt, rollen wir geradeaus zwischen Feldern und Wiesen hindurch. Unmittelbar bevor wir auf die Wickeder Straße treffen, nehmen wir links den Radweg, der neben der Straße verläuft. Wir erreichen parallel zur Wickeder Straße die Ortschaft Frohnhausen, einen Stadtteil von Fröndenberg. Weiter geht es bis nach Neimen. Unmittelbar nach Erreichen der 350-Seelen-Ortschaft biegen wir links ab in die Hans-Böckler-Straße. Hier liegt linker Hand das Werksgelände der Firma Hillebrand. Am Ende der Straße fahren wir rechts auf die Werner-von-Siemens-Straße. Wenn wir auf eine T-Kreuzung treffen, biegen wir links ab in die Annette-von-Droste-Hülshoff-Straße. Hier befinden sich auf der rechten Seite mit Netto und

Skulptur „Wasserstau" in Unna

Penny zwei Discounter. Nach der ungewöhnlichen Skulptur „Winnie" des Künstlers Peter Trautner biegen wir links ab in die Graf-Adolf-Straße und halten uns an der zweiten Möglichkeit rechts, um weiter der Graf-Adolf-Straße zu folgen.

Kettenschmiedemuseum in Fröndenberg

Grün mit Industriekultur Etwa nach 24 gefahrenen Kilometern liegen linker Hand der Himmelmannpark und das Kettenschmiedemuseum von Fröndenberg. Die Grünanlage lädt zu einem Picknick ein, umgeben von alten Maschinen und Maschinenteilen wie dem historischen Papiertrichter und einer alten Dampfwalze. An der T-Kreuzung biegen wir links ab in die Bismarckstraße. An der ersten Möglichkeit geht es links in die Ruhrstraße und an der folgenden Kreuzung links auf die Mendener Straße. Diese bringt uns mithilfe einer Brücke über die Ruhr hinüber. Dort biegen wir rechts auf den Fuß- und Radweg ab.

Stippvisite im Sauerland Wenn wir die Rampe hinunter sind, halten wir uns links. Zwischen Feldern und Wiesen rollen wir nun Richtung Sauerland. Vor dem Ortseingangsschild von Bösperde, einem Stadtteil von Menden, biegen wir rechts ab in die Straße Osterfeld. Wenn wir auf die Provinzialstraße (B 515) treffen, überqueren wir diese und halten uns rechts auf den neben der Provinzialstraße verlaufenden Radweg. Nach einigen Pferdekoppeln biegen wir an der ersten Möglichkeit links ab. Unmittelbar vor der B 515 biegen wir links auf den Radweg ab. Bevor wir einen Kreisverkehr erreichen, liegt linker Hand mit dem *Dahlhauser Landhaus* eine weitere Einkehrmöglichkeit.

Ruhrgebiet-Erfahrung: Kettenschmiedemuseum

OIm Kettenschmiedemuseum (Ruhrstraße 12, 58730 Fröndenberg, Tel. 0171/ 7092963, https://freu-dich-auf-froendenberg.de/museum, von April bis Oktober Sa, So u. feiertags 10–16) können Besucher nicht nur hautnah erleben, wie Ketten hergestellt werden, sondern auch selber Hand anlegen. Mit Interesse dürften nicht wenige feststellen, wie viel Kraft notwendig ist, bis ein Kettenglied ins andere greift. Daneben können eine Vielzahl historischer Maschinen wie eine Knotenkettenmaschine, ein Gliederbieger und eine Handkettenverdrehmaschine in Augenschein genommen werden.

Zurück ins Ruhrgebiet Am Kreisverkehr überqueren wir die Straße, fahren nach rechts und überqueren die Ruhrbrücke. Auf der gegenüberliegenden Seite erreichen wir mit Langschede wieder einen Stadtteil von Fröndenberg. An der ersten Möglichkeit halten wir uns links auf die Unnaer Straße, um dem Ruhrtalradweg zu folgen. An der T-Kreuzung vor dem Umspannwerk fahren wir links in die Straße Ohlweg und an der T-Kreuzung rechts in die Hintere Straße. Unmittelbar vor der Bahnlinie biegen wir links ab. Wenn wir nach etwa 35 Kilometern Gesamtfahrstrecke wieder auf eine Straße treffen, biegen wir rechts ab und rollen unter der Brücke hindurch.

Stückchenweise Holzwickede Es folgt ein kleiner Anstieg; wir überqueren die Ruhrstraße und folgen dem Radweg parallel zur Mühlenstraße. Nach einer längeren Steigung biegen wir an der abknickenden Vorfahrt links ab auf den landwirtschaftlichen Weg, die Kuhstraße. Ein steiler Anstieg bringt uns nach Opherdicke, einem Stadtteil von Holzwickede. Am Ende der Kuhstraße biegen wir rechts in die Dorfstraße ab und direkt nach der St.-Stephanus-Kirche links in den Krämersweg. Am Ende der Straße biegen wir rechts ab auf den Stennert. An der T-Kreuzung, etwa nach 39 Gesamtkilometern, geht es rechts in die Kleistraße. Wir überqueren die Landstraße und folgen dem Buschweg. Dieser bringt uns nach Billmerich, einen Stadtteil von Unna. Wenn wir auf die Buschstraße treffen, halten wir uns rechts. Nach der Schule biegen wir an der abknickenden Vorfahrt links ab und folgen der Liedbachstraße. Vor der Kirche biegen wir rechts ab, an der nächsten Möglichkeit sofort wieder rechts und vor dem Kohlewagen links in die Billmericher Dorfstraße. An der nächsten Gabelung geht es links in die Straße Zur Österwiese. An der nächsten Kreuzung halten wir uns abermals links. Etwa nach 43 gefahrenen Kilometern schwenkt der Weg nach links ab. Wir folgen einem kleinen Anstieg und nehmen die erste Möglichkeit nach rechts. Wir rollen unter der A44 hindurch und nehmen den rechten der beiden Radwege.

Historische Dampfwalze im Himmelmannpark in Fröndenberg

Historischer Stadtkern Wenn der Weg sich gabelt, halten wir uns rechts. Wir rollen unter einer Brücke mit einem markanten Bogen hindurch

Rundturm als Teil der historischen Stadtmauer in Unna

und fahren am Freibad Bornekamp die Rampe hinauf, um über den Südring zu gelangen. Hier begrüßt uns ein Teil der historischen Stadtmauer zurück im Zentrum von Unna. Nach dem Restaurant *Glockenturm* geht es rechts in die Grabengasse. An deren Ende biegen wir rechts ab in die Josef-Ströthoff-Straße und an der ersten Möglichkeit wieder links. Hier an der Ecke fällt auch die Skulptur Wasserstau ins Auge. Wir folgen dem Ulrichswall und kommen zum Kirchplatz. Vor der Evangelischen Stadtkirche halten wir uns rechts und folgen dem Weg zwischen zwei Fachwerkhäusern hinunter. Hier liegt bald darauf das *Waffelstübchen*. Wir rollen über die Morgenstraße hinüber, folgen dem Fuß- und Radweg durch die Grünanlage. Nachdem rechts eine Treppe hinunterführt, nehmen wir den ersten Abzweig nach rechts und halten uns vor dem Katharinenhof nach links, rollen vorbei an der Kirche St. Katharina und biegen nach dem Rathaus rechts ab. An der nächsten Möglichkeit geht es rechts in die Bahnhofstraße, die uns zurück zum Ausgangspunkt am Bahnhof Unna bringt.

Guten Appetit

Mit dem *Dahlhauser Landhaus* (Provinzialstr. 351, 58708 Menden, Tel. 02378/869 62 37) findet sich direkt an der Route zwischen Menden und Fröndenberg eine Einkehrmöglichkeit mit Biergarten. Serviert werden vornehmlich Schnitzelvarianten.

3 Römische Geschichte am Südsee-Rand

Xanten – offener Geheimtipp am Niederrhein

leicht | 24,3 km | 9 Hm | 1.50 Std.

Highlight: Archäologischer Park Xanten (APX)

Ausgangs- und Endpunkt
Bahnhof Xanten

GPS
51.6598, 6.44562

Anfahrt
Der Bahnhof Xanten ist von Duisburg mit der Regionalbahn RB 31, „Der Niederrheiner", zu erreichen (www.bahn.de).

Tourencharakter
Gut ausgebaute Radwege und ruhige Nebenstraßen bestimmen die Rundtour, auch wenn es für ein kurzes Stück über eine Landstraße geht.

Informationen
www.ruhr-tourismus.de
www.xanten.de

Die familientaugliche Rundstrecke führt auf einer ehemaligen Bahntrasse bis nach Obermörmter, von wo es über Vynen zur Nord- und Südsee und vorbei am Archäologischen Park zurück nach Xanten geht.

Alleenradweg Mit dem Bahnhof im Rücken halten wir uns links auf dem Radweg parallel zur Bahnhofstraße. Dort ist es Richtung Archäologischer Park Xanten (APX) ausgeschildert. Wenn die Straße nach links abknickt, rollen wir weiter geradeaus. Wir passieren den APX, überqueren nacheinander die Willicher Straße, die Straße Düsterfeld und die Labbecker Straße geradeaus. Dabei nutzen wir den Alleenradweg auf der ehemaligen Bahnstrecke von Xanten nach Kleve, die 1904 angelegt wurde. 1989 wurde die Bahnlinie stillgelegt und 2010 in einen Radweg zwischen Xanten und dem Wallfahrtsort Marienbaum umgewandelt.

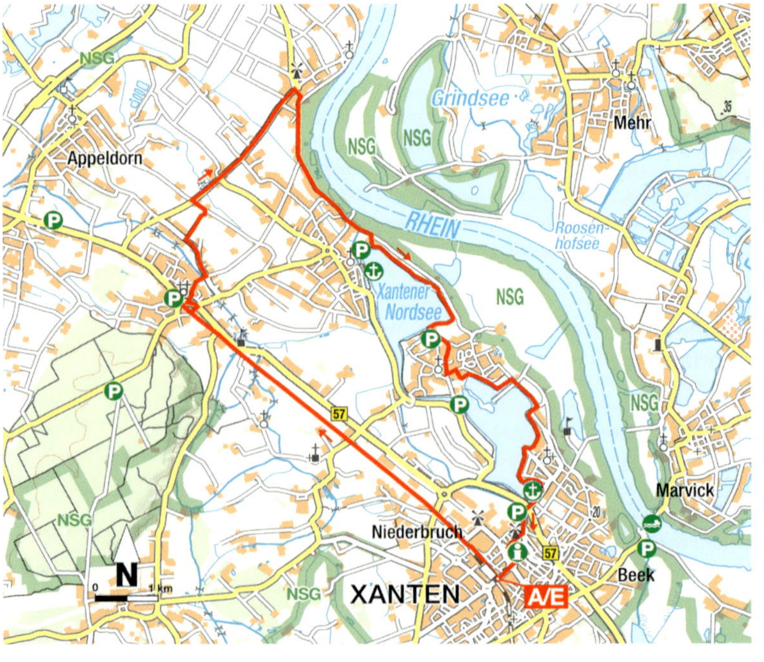

Archäologischer Park Xanten

Wallfahrtsort Wir biegen kurz nach Erreichen von Marienbaum rechts ab in einen kleinen Weg. Hier ist es Richtung Rees und Vynen ausgeschildert. Achtung! Der Abzweig ist leicht zu übersehen. Wo es linker Hand durch Begrenzungspfosten in eine Wohnsiedlung geht, halten wir uns rechts und nehmen die Straße Zur Bahn. Wenn wir auf die Kalkarer Straße treffen, biegen wir links ab. An der ersten Möglichkeit geht es rechts in die Klosterstraße. Wenig später liegt links die Wallfahrtskirche St. Mariä Himmelfahrt. Wenn wir auf einen Wendehammer treffen, halten wir uns rechts auf den Fuß- und Radweg. Nachdem wir über eine Brücke gerollt sind, fahren wir links auf dem Lohscher Weg weiter.

Ans Rheinufer Wir folgen einer Allee und halten uns an der nächsten Möglichkeit links. Am Ende eines Feldes halten wir uns vor der Hecke rechts auf den landwirtschaftlichen Nutzweg. An der nächsten Kreuzung fahren wir links auf die Appeldorner Straße und biegen an der nächsten Ecke rechts auf die Reeser Straße (Landstraße L8) ab. Hier gibt es leider keinen Radweg. Wir erreichen mit Obermörmter ei-

Guten Appetit

Das *Lieblingscafé* (Rheindamm 87, 46509 Xanten-Vynen, Tel. 02804/18 25 38) hält, was der Name verspricht. Neben Frühstück bietet die charmante Einkehrmöglichkeit am Rheindamm Kuchen und Torten an.

Künstlerischer Schiffsbug des Schiffervereins Vynen am Rhein-Damm

nen Stadtteil von Xanten und biegen an der ersten Möglichkeit rechts in die Straße Hoher Weg. Diese geht in den Rheindamm über. Ein kurzer Anstieg bringt uns auf den Damm mit dem Rhein zur Linken. Wenig später liegt rechts mit dem „Lieblingscafé" eine Einkehrmöglichkeit.

Nordsee-Flair Kurz danach rückt eine ungewöhnliche Landmarke in den Blick: Der Schifferverein Vynen hat einen steinernen Schiffsbug mit 15 Meter hohem Mast in den Damm gemauert. Wenn schließlich linker Hand eine Schranke erscheint und

Ruhrgebiet-Erfahrung: Archälogischer Park Xanten

Superlative sind faszinierend, Geheimnisse spannend. Vielleicht ist der Archäologische Park Xanten (Trajanstraße 4, 46509 Xanten, Tel. 02801/988 92 13, www.apx.lvr.de, Di–So 11–17) deshalb so ein reizvolles Ziel. Vor rund 400 Jahren war Xanten einer der bedeutendsten römischen Orte in Germanien.

Fast 10.000 Männer, Frauen und Kinder lebten in der Stadt, die Kaiser Trajan um 100 n. Chr. zur Colonia Ulpia Traiana ernannt hatte. Dass das heutige Museumsgelände seit dem Mittelalter kaum besiedelt wurde, ist ein wahrer Glücksfall für Archäologen. Originalgetreue Nachbauten wie der imposante Hafentempel und das große Amphitheater, Wohnhäuser und Badeanlagen vermitteln den Besuchern einen lebendigen Eindruck vom römischen Alltag.

rechter Hand ein Begrenzungspfeiler, halten wir uns rechts den Hang hinunter. Der Radweg bringt uns an die Xantener Nordsee und wir halten uns links auf den geschotterten Uferweg. Am Hafen Wardt – hier liegt auch das Restaurant *Bagfiz am See* – biegen wir links ab. Wir folgen der Straße Am Meerend. An der Gabelung folgen wir der abknickenden Vorfahrt nach rechts, biegen dann links ab in den Strohweg und an der ersten Ecke rechts Richtung Xantener Südsee.

Historische Mühle im APX

Südsee ohne Palmen Wir fahren auf die Wasserskianlage zu und halten uns links auf den Uferweg. Während wir über den geschotterten Pfad rollen, passieren wir die Reste eines römischen Wachturms. Etwa bei Kilometer 20 befindet sich linker Hand eine öffentliche Toilettenanlage. Der Uferweg bringt uns zur Plaza del Mar mit dem kleinen Hafen. Wir rollen über den Parkplatz, halten uns an der Ausfahrt links, überqueren die Salmstraße, um rechts auf den Radweg Richtung Altstadt abzubiegen. Wir überqueren den Varusring (B57) und folgen der Straße Am Rheintor. Rechter Hand liegt die Rekonstruktion der alten römischen Stadtmauer als Teil des APX.

Römer-Kult Wenig später liegt rechts der Haupteingang des Archäologischen Parks. Wir überqueren den Kreisverkehr geradeaus und halten uns an der ersten Möglichkeit rechts auf dem Nordwall. Wenn wir das historische Klever Tor erreichen, biegen wir links in die Klever Straße ab. Wir folgen dieser über die Kreuzung hinweg und halten uns, nachdem wir einen Torbogen durchfahren haben, rechts. Wir treffen auf einen Kreisverkehr, nehmen die zweite Ausfahrt und folgen der Bahnhofstraße. Unmittelbar vor Erreichen der Gleise halten wir uns rechts und gelangen zurück zum Ausgangspunkt am Bahnhof Xanten.

Gladiatorenfigur im APX

4

Panorama-Route rund um Hamm

Zwischen Bergmannampel und Glaselefant

mittel 33,5 km 137 Hm 2.45 Std.

Highlight: Glaselefant im Maxipark

Ausgangs- und Endpunkt
Hauptbahnhof Hamm

GPS
51.678333, 7.808056

Anfahrt
Der Hauptbahnhof Hamm ist als wichtigste Drehscheibe in Ostwestfalen Haltepunkt zahlreicher ICE- und IC-Verbindungen sowie einer Reihe von Regionalbahnen.

Tourencharakter
Die Rundtour um Hamm führt bis auf wenige Ausnahmen über gut ausgebaute Radwege und ruhige Nebenstraßen; kaum nennenswerte Steigungen.

Service
Radstation am Bahnhof, Willy-Brandt-Platz 1, 59065 Hamm, Tel. 02381/92 72 91, www.radstation-hamm.eu, Mo–Fr 5.30–22, Sa 7–18.45.

Informationen
www.hamm.de/tourismus
www.hamm.de/radtouristik
www.ruhr-tourismus.de

Die Panorama-Route bietet alles: ein stolzes Herrenhaus, ein prächtiges Schloss, Relikte des Bergbaus, Industriekultur, viel Natur sowie famose Ein- und Ausblicke. Und all dies (fast) ohne Steigungen.

Über Fluss und Kanal Startpunkt ist am Hauptbahnhof. Mit dem historischen Empfangsgebäude von 1920 im Rücken rollen wir nach links über den Willy-Brandt-Platz und halten uns vor der Postbankfiliale rechts. An der nächsten Möglichkeit fahren wir links, um der Gustav-Heinemann-Straße ein Stück zu folgen. Wir passieren das Technische Rathaus und biegen links in die Poststraße ab. Vorbei geht es an einem Parkhaus, an dessen Fassade das Heck eines Sportwagens für einen Blickfang sorgt. Nach dem Parkplatz geht es rechts über den Busbahnhof auf die Ampel zu, mit deren Hilfe wir den Westring überqueren. An der nächsten Ampel geht es nach links über die Hafenstraße. Wir folgen dem Radweg zwischen Hafenstraße und Datteln-Hamm-Kanal. Mithilfe einer Rampe geht es an der ersten Möglichkeit im Rechtsbogen auf die Brücke. Wir folgen dem Radweg entlang der Münsterstraße (B 63), überqueren den Kanal und die Brücke über die Lippe, bevor wir links auf den Radweg abbiegen.

Herrensitz mit Charme Wir folgen dem geschotterten Damm. An der ersten Gabelung halten wir uns links und fahren durch einen Tunnel. An der T-Kreuzung halten wir uns links. An der nächsten Gabelung halten wir uns rechts. Wir folgen der Straße Kommersch Richtung Bockum-Hövel. Die Straße geht in den Bromberger Weg über. An dessen Ende nehmen wir links den Bockumer Weg. Nach der Brücke über die Geinegge biegen wir rechts ab in die Grünanlage. Zwischen Spiel- und Sportplatz halten wir uns links, nehmen die Route um das Fußballfeld herum. Nach dem Fußballplatz geht es rechts weiter. Wenn wir auf eine Straße (Im Ruenfeld) treffen, fahren wir rechts, an der ersten Möglichkeit wieder links in den Goorweg und sofort links auf den Fuß- und Radweg durch ein Wäldchen. An der nächsten Kreuzung halten wir uns rechts Richtung Hamm-Hees-

sen. Es geht ein Stück über eine Straße, die ebenfalls Geinegge heißt. An der nächsten Kurve liegt links die Zufahrt zu Haus Ermelinghoff. Der öffentlich nicht zugängliche Herrensitz mit prächtiger Schlosskapelle ist seit 1620 in weiten Teilen unverändert.

Haus Ermelinghoff in Hamm

Zechenhistorie An der ersten Möglichkeit rollen wir nach rechts und folgen dem Anstieg. An der Anhöhe biegen wir links ab und folgen der Straße nach Heessen, wo wir rechts in die Max-Heinhold-Straße abbiegen. Am Ende der Straße biegen wir rechts auf die Münsterstraße (B63) ab und halten uns am Kreisverkehr links. Die Straße geht in einen Fuß- und Radweg über, der uns zur Zechensiedlung Vogelsang, einer 1920 errichteten Arbeitersiedlung bringt. An der T-Kreuzung biegen wir rechts in die Straße Vogelsang. Nach der Linkskurve – etwa gegenüber der Straße Am Hämmschen – biegen wir rechts in den Fuß- und Radweg ab, mit der Halde der ehemaligen Zeche Sachsen zur Rechten. Der Weg mündet in die Anhalter Straße. An der T-Kreuzung geht es nach links auf den Sachsenweg.

Radeln am Datteln-Hamm-Kanal

Bergmannampel am Sachsenweg in Hamm

Wir passieren die Alfred-Fischer-Halle, die in der Maschinenhalle der ehemaligen Zeche Sachsen aus dem Jahre 1914 untergebracht ist. Markant ist hier der Seiteneingang mit der Aufschrift „Kohle ist Brot".

Bergmannampel Wir folgen dem Sachsenweg vorbei am Fachwerkgebäude des Öko-Zentrums. An die Bergbaugeschichte der Region erinnert auch die Ampel an der Kreuzung Sachsenweg/Dasbecker Weg. Die roten und grünen Lichter des Fußgängerüberwegs sind als Bergleute mit Grubenlampe gestaltet. Der Sachsenweg geht in die Straße Im Landwehrwinkel über. Am Ende der Straße halten wir uns rechts, um an der nächsten T-Kreuzung links auf den Radweg am Frielicker Weg abzubiegen. An der nächsten Möglichkeit rollen wir rechts in die Straße Auf dem Knuf. Am Ende der Straße geht es rechts in den Leerfeldweg. Dieser bringt uns zur Ahlener Straße. Hier biegen wir rechts ab und sofort links auf den Fuß- und Radweg. Zwischen Wiesen und Feldern gelangen wir an die Straße Ennigerweg, in die wir links abbiegen. An der nächsten Möglichkeit unternehmen wir einen Abstecher nach rechts, um über den Gebrüder-Funke-Weg zur Waldbühne Heessen zu gelangen. Die 1924 gegründete Bühne wird in den Sommermonaten bespielt und bietet 1.700 Besuchern Platz.

Schlossgeschichte(n) Von dort rollen wir zurück zum Ennigerweg, in den wir rechts abbiegen. An der nächsten Ecke geht es rechts in die Straße Ennigerberg und sofort rechts auf den landwirtschaftlichen Nutzweg. Wir folgen dem Anstieg und biegen an der ersten Kreuzung rechts ab in die Bornstraße. Diese geht in die Kleiststraße über. Etwa nach 17,9 Kilometern

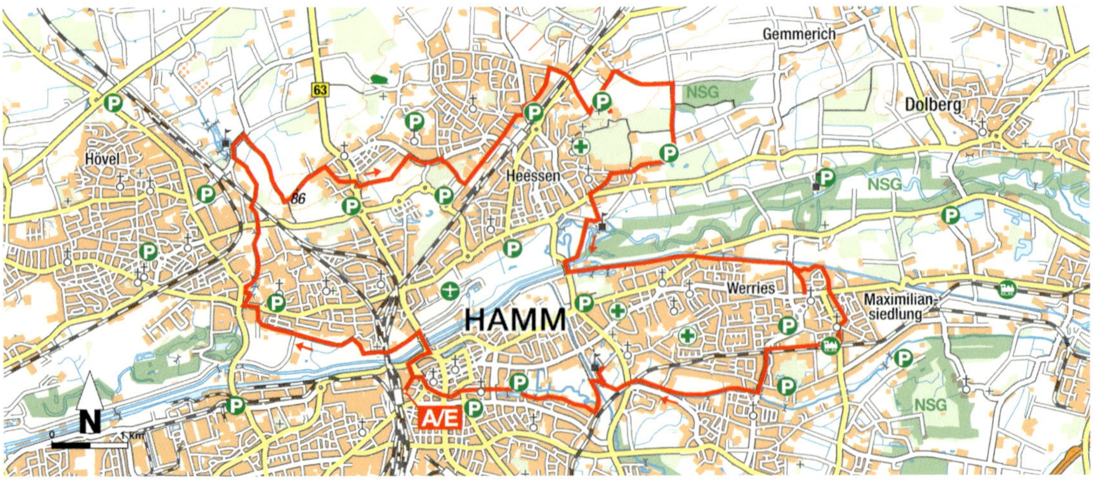

Fahrstrecke liegt auf der linken Seite die Gaststätte *Kötter*. An der dritten Möglichkeit biegen wir links ab in die Straße Langenhövel und folgen dieser bis zur Heessener Dorfstraße. Hier halten wir uns links, an der nächsten Ecke rechts in die Dolberger Straße und sofort wieder links in die Schlossstraße. Diese führt uns auf Schloss Heessen zu. In dem nicht öffentlich zugänglichen Prachtbau, dessen Geschichte bis in das Jahr 975 zurückreicht, sind eine Privatschule und ein Internat untergebracht.

Eingangsportal am Schloss Heessen

Grenze zum Münsterland Vor der Zufahrt zum Schloss halten wir uns rechts. An der nun folgenden Kreuzung geht es nach links. Wir folgen dem Fährweg, der uns in einem Bogen ans Ufer der Lippe bringt. Wir rollen in einem Rechtsbogen hinauf auf die vor uns liegende Brücke. Vorbei an einem Grenzstein biegen wir rechts auf die Fährstraße ab, die uns über die Lippe und den Datteln-Hamm-Kanal bringt. Die sogenannten Schnadesteine markieren die Grenze zwischen den Regionen Münsterland und Mark. Nach der Kanalquerung halten wir uns rechts, um in einem Rechtsbogen ans Ufer des Kanals zu gelangen.

Guten Appetit

Fast genau in der Mitte des Rundkurses liegt die Gaststätte Kötter (Kleistraße 60, 59073 Hamm-Heessen) mit ihrem einladenden Biergarten. Auf der Speisekarte steht einfache Hausmannskost für kleines Geld.

Kurpark in Hamm

Kurparkpracht Hier folgen wir dem Weg entlang der Adenauerallee. Rechter Hand liegt der Kurpark mit dem Gradierwerk. Wir treffen schließlich auf die Lippestraße, queren diese geradeaus, um dem Schleusenweg zu folgen. Linker Hand liegt die Schleuse Werries. Wenn rechts der Biberweg abzweigt, fahren wir weiter geradeaus, halten uns unmittelbar vor der Treppe nach links, um wieder ans Kanalufer zu gelangen. Wir strampeln unter dem Schulwegsteg hindurch. Dieser ist eine Hängebrücke, die zwischen 1915 und 1917 errichtet wurde. Unmittelbar vor der nächsten Brücke halten wir uns rechts und verlassen den Uferweg. Wir überqueren die vor uns liegende Straße und folgen den Schildern Richtung Maximiliansiedlung.

Glaselefant im Maxipark

Elefantöse Gartenkunst Ein Schotterweg führt uns durch ein Waldstück. Wenn der Weg sich gabelt, rollen wir geradeaus. Wir treffen auf die Straße Alter Uentroper Weg, biegen links ab und an der nächsten Möglichkeit rechts zwischen Pollern hindurch. An der Ecke liegt die Gaststätte *Schillereck*. Wir folgen der Hölderlinstraße durch die Zechensiedlung Maximilian. An der T-Kreuzung geht es rechts in die Klenzestraße und an der nächsten Ecke links in die Braamer Straße. Vor dem Bahnübergang biegen wir rechts in den Grenzweg ab. Entlang der Straße Alter Grenzweg gelangen wir zum Maxipark mit dem berühmten Glaselefanten.

Gründerhistorie Nach dem Maxipark fahren wir an der Kreuzung rechts auf die Ostwennemarstraße. Etwa bei Kilometer 27,1 geht es rechts in einen Fuß- und Radweg am Geithe-Bach. Wir folgen dem Dunantweg am Geithe-Ufer entlang Richtung „Burghügel Mark". An der ersten Möglichkeit biegen wir rechts ab zum Burghügel. Die kleine Erhöhung gilt als Wiege der Stadt Hamm, die hier 1226 von Graf Adolf von der Mark gegründet wurde. Wir rollen den Weg ein Stück zurück, biegen nach der Holzbrücke an der T-Kreuzung rechts ab. An der Gabelung nach der nächsten Brücke halten wir uns links und sofort wieder links an den Schrebergärten des Kleingartenvereins Ahsemünde.

Endspurt An der ersten Möglichkeit geht es rechts in den Dr.-Johannes-Kroker-Weg. Wir kommen zu einem Spielplatz, wo wir rechts über die Brücke rollen. An der ersten Kreuzung fahren wir rechts und sofort links, um am Ahseteich entlang durch eine Grünanlage, dem OLG-Park, zu gelangen. Rechter Hand liegt wenig später das Oberlandesgericht Hamm. Wir treffen auf die Hesslerstraße, überqueren diese und rollen durch die Grünanlage am Otto-Krafft-Platz, um den Weg geradeaus auf dem Ostring fortzusetzen. Linker Hand liegt hier mit dem Bärenbrunnen ein weiteres Wahrzeichen von Hamm. Wir treffen auf die Südstraße, überqueren diese, um geradeaus durch die Grünanlage Südring zu fahren. Wir treffen auf die Goethestraße (B63), überqueren diese, um weiter dem Fuß- und Radweg zu folgen. Dieser verläuft parallel zum Westring. An der beampelten Kreuzung mit der Gustav-Heinemann-Straße biegen wir links ab, folgen dieser bis zum Willy-Brandt-Platz am Hauptbahnhof, wo die Tour endet.

Ruhrgebiet-Erfahrung: Maximilianpark

Der 22 Hektar große Maximilianpark (Alter Grenzweg 2, 59071 Hamm, Tel. 02381/982 10 32, www.maximilianpark.de, Apr. bis Sept. tgl. 9–19, Okt.–Mrz. tgl. 10–17, Erwachsene 5 EUR, Kinder u. Jugendliche 4–17 Jahre 3 EUR) verfügt auf dem Gelände der ehemaligen Zeche Maximilian über das weltweit größte Gebäude in Tierform. Der Glaselefant, das Wahrzeichen von Hamm, hat es sogar ins *Guinnessbuch der Rekorde* geschafft. Besucher können in seinem gläsernen Rüssel in einem Lift 35 Meter nach oben fahren. Der Jumbo ist ein Geschöpf des Künstlers Horst Rellecke, der die alte Kohlenwäsche 1984 in eine begehbare Plastik verwandelte. Im Schatten des Dickhäuters finden sich eine imposante Garten- und Parklandschaft sowie das größte Schmetterlingshaus in Nordrhein-Westfalen.

5

Durch die Ruhrgebiets-Tropen

Von Castrop-Rauxel nach Waltrop und zurück

mittel | 38,3 km | 185 Hm | 2.50 Std.

Highlight: Schiffshebewerk Henrichenburg

Ausgangs- und Endpunkt
Bahnhof Castrop-Rauxel

GPS
51.573611, 7.304167

Anfahrt
Der Bahnhof Castrop-Rauxel ist u. a. von Düsseldorf oder Hamm mit dem Regionalexpress RE 3 oder von Dortmund bzw. Essen mit der S-Bahnlinie 2 (www.bahn.de) zu erreichen.

Tourencharakter
Ein paar Abschnitte verlaufen ohne Radweg an stärker befahrenen Straßen. Das Gros der Strecke führt jedoch über ruhige Nebenstraßen oder gut ausgebaute Radwege.

Informationen
www.ruhr-tourismus.de
www.castrop-rauxel.de
www.waltrop.de

Neben ausgedehnten Passagen an Kanalufern und waldigen Abschnitten besticht die Rundfahrt durch zahlreiche Sehenswürdigkeiten.

Architekturdenkmäler Wir starten am Berliner Platz, dem Vorplatz des Bahnhofs in Castrop-Rauxel, und rollen in südliche Richtung über die Bahnhofstraße. Wir treffen auf einen Kreisverkehr, überqueren diesen geradeaus. Linker Hand liegen die Europahalle und das Rathaus. Der denkmalgeschützte Komplex am Europaplatz ist das Resultat eines Städtebauwettbewerbs der 1960er-Jahre, aus dem die Architekten Arne Jacobsen und Otto Weitling als Sieger hervorgingen. Das Rathaus ist ein 250 Meter langer Riegelbau mit stützenfreier Spannbetonbalkendecke. Die Europa- und Stadthalle stehen an der Südseite des Platzes und sind, ähnlich wie das Rathaus, mit Verglasungen und eindrucksvollen Hängedächern ausgestattet.

Walden auf zwei Rädern Wenn unmittelbar danach rechter Hand das Hallenbad in den Blick kommt, halten wir uns rechts

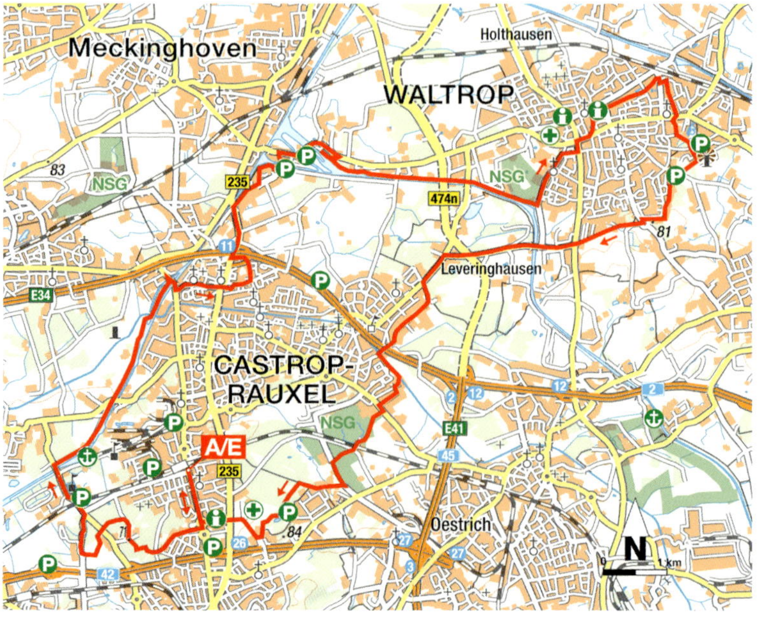

Schloss Bladenhorst in Castrop-Rauxel

auf den Fuß- und Radweg, der direkt an der Schwimmstätte vorbei durch eine Grünanlage führt. Wenn der Weg sich gabelt, fahren wir rechts. Wir treffen auf die Strittheidestraße, überqueren diese und setzen den Weg an der Schranke vorbei geradeaus durch den Wald fort. An der ersten Gabelung halten wir uns rechts und an der folgenden Kreuzung geht es geradeaus weiter durch den Wald. An der nächsten Wegekreuzung geht es nach links und sofort wieder links. Wir treffen an einer Schranke auf eine Straße, den Westring, überqueren diesen und rollen geradeaus durch den Wald. Am nun folgenden Abzweig fahren wir nach rechts und wenig später am Reitplatz abermals rechts auf die Holthauser Straße.

Schlossgeschichte(n) Wenn wir wieder auf den Westring treffen, biegen wir nach links ab und überqueren die Bahngleise. An der ersten Möglichkeit biegen wir rechts ab und gelangen zum Schloss Bladenhorst, das öffentlich nicht zugänglich ist. Die Geschichte des Wasserschlosses reicht zurück bis in das Jahr 1266. Ursprünglich bestand der Komplex aus vier Flügeln. Das heutige Aussehen erhielt das noch immer bewohnte Schloss im 16. Jahrhundert. Vor dem Schloss halten wir uns links, kommen wieder zum Westring, überqueren diesen und nehmen auf der anderen Seite den Radweg nach rechts. An dessen Ende biegen wir links auf den Westring ab, um mit Hilfe der Brücke den Rhein-Herne-Kanal zu überqueren.

Sportboothafen in Henrichenburg

Kanalfahrt Auf der anderen Seite der Brücke geht es rechts auf den Weg, der an das Kanalufer führt. Am Kanal halten wir uns links Richtung Henrichenburg. Wir folgen dem Uferweg auf dem Damm, um dann auf die zweite Brücke links abzubiegen. Auf der anderen Kanalseite halten wir uns wieder links und folgen dem Radweg parallel zur Freiheitstraße. Hier liegen auch ein Edeka, ein Aldi-Markt und eine Bäckerei. An der Ampel überqueren wir die B 235 (Henrichenburger Straße/Hebewerkstraße) geradeaus und folgen der Straße Alter Kirchplatz. An der T-Kreuzung fahren wir links in die Straße Auf der Umflut und biegen an der folgenden Ecke rechts in die Hagenstraße ab. In Höhe des Restaurants *Wetterkamp* zweigen wir links ab in die Borghagener Straße.

Schifffahrtskathedrale Wir rollen geradeaus, halten uns links und fahren durch einen Tunnel, der unter der Zufahrt zur A2 hindurchführt. Auf der anderen Seite halten wir uns links, folgen der Borghagener Straße bis zum Ende und biegen rechts auf die B 235 (Hebewerkstraße) ab. Auf der Bundesstraße rollen wir unter der A2 hindurch bis kurz vor der Kanalbrücke, wo wir rechts in die Hebewerkstraße abbiegen. Wenig später fahren wir links in die Straße Im Depot. Diese bringt uns in einem Rechtsbogen zur Marina von Henrichenburg. In der nächsten Kurve liegt linker Hand der *Gastrobus*. Wir rollen an diesem vorbei, halten uns links und an der nächsten Ecke wieder links. Die Straße heißt Am Hebewerk. Hier liegt auch der Eingang zum Schiffshebewerk.

Faszination Schleusenpark Wir folgen der Straße Am Hebewerk unter dem Schiffshebewerk hindurch, biegen dann rechts ab in die Provinzialstraße. Direkt an der Ecke liegt mit dem *Papachristos* ein griechisches Restaurant. Auf der linken Seite fällt wenig später eine Backsteinkirche, die 1901 eingeweihte Friedenskirche am Schiffshebewerk, in den Blick. Nach dem Ortsausgang treffen wir auf einen weiteren Teil des Schleusenparks, die Alte Schachtschleuse. Wir folgen dem Radweg auf der gegenüberliegenden Seite parallel zur Recklinghäuser Straße und passieren das neue Hebewerk.

Neue Schleuse in Henrichenburg

Downtown Waltrop Nach der Bushaltestelle „Zur schwarzen Kuhle" biegen wir rechts ab in die gleichnamige Straße. Eine Rampe bringt uns zur Schleuse und an den Dortmund-Ems-Kanal. Hier biegen wir im 180-Grad-Winkel ab, um den Weg am Ufer entlang zu radeln. An einem Parkplatz verlassen wir den Uferweg, fahren links auf die Hafenstraße und gelangen nach Waltrop. Wir folgen der Spielstraße und überqueren die Messingfeldstraße, um weiter der Hafenstraße zu folgen. Wenig später biegen wir rechts ab in die Rosenstraße. An der beampelten Kreuzung geht es links in die Leveringhäuser Straße und an der nächsten Ecke rechts in die Berliner Straße. Hier nutzen wir den Radweg und rollen die Rampe hinauf, um mithilfe der Brücke über die Berliner Straße zu gelangen. Wir rollen die Rampe auf der anderen Seite hinunter und halten uns schräg links. Wir biegen in die Straße Neuer Weg ein. Diese geht in die Fußgängerzone über, die eingeschränkt auch für Radfahrer freigegeben ist.

Ruhrgebiet-Erfahrung: Schiffshebewerk Henrichenburg

Wie ein Raumschiff aus der Vergangenheit wirkt das LWL-Industriemuseum Schiffshebewerk Henrichenburg (Am Hebewerk 26, 45731 Waltrop, Tel. 02363/970 70, www.schiffshebewerk-henrichenburg.de, Di–So u. feiertags 10–18), und doch war der neobarocke Bau Stolz einer ganzen Region. 1899 wurde das Stahlmonstrum von Kaiser Wilhelm II. eingeweiht. Das 1969 stillgelegte „Wunderwerk" war das weltweit erste Mehrschwimmer-Hebewerk und half bis zu 750 Tonnen schweren Schiffen, die 14 Meter hohe Staustufe zu überwinden. Damit lag die Kapazität fast doppelt so hoch wie bei den damals sonst üblichen Senkrecht-Hebewerken. Der an eine gigantische Badewanne erinnernde Trog bot 67 Meter langen Schiffen Platz.

Schiffshebewerk Henrichenburg

Zechenhistorie Wir überqueren den Platz mit dem Kiepenkerl-Brunnen und halten uns rechts in die Isbruchstraße. Vorbei an der Stadthalle und dem Marktplatz gelangen wir an die Straße Am Moselbach, die wir geradeaus überqueren. Wir folgen dem Weg durch den Moselbachpark. Wir überqueren die Riphausstraße, folgen ein Stück der Lobuschstraße, um dann rechts in die Adamsstraße abzubiegen. Wenn wir auf die Dortmunder Straße treffen, biegen wir rechts und unmittelbar nach dem gegenüberliegenden Haus links in den Fuß- und Radweg ab. An der ersten Gabelung geht es nach rechts durch ein Waldstück. Wenn wir wieder auf eine Straße treffen, nehmen wir links den Fuß- und Radweg und gelangen zum Gewerbepark der Zeche Waltrop. Wir überqueren die Sydowstraße und folgen der Hiberniastraße über das einstige Zechengelände. Linker Hand liegt die alte Lohnhalle, in der heute das Manufactum zu finden ist.

Haldenzeichen mit Weitblick Wir rollen über die Straße Landabsatz hinweg und nehmen den zweiten Abzweig. Dieser führt im Bogen auf die Halde Brockenscheidt und zum weithin sichtbaren Spurwerkturm. Künstler Jan Bormann errichtete aus rund 1000 Metern Spurlatten – Hartholzbalken, mit denen die Fahrkörbe in Bergbauschächten in der Spur gehalten wurden – die 20 Meter hohe Turmkonstruktion. Von der Aussichtsplattform eröffnet sich ein Rundumblick über Waltrop bis hin nach Castrop-Rauxel, Lünen und Dortmund. Wir rollen im Rechtsbogen die Halde hinunter, um an deren Fuße scharf nach links abzubiegen. Wir folgen dem Weg durch ein Waldstück. Wenn wir nach den Begrenzungspfeilern wieder auf eine Straße treffen, halten wir uns rechts und an der nächsten Möglichkeit sofort links an der Schranke vorbei in den Wald. Wir ignorieren den Abzweig nach rechts und folgen dem Radweg durch den Wald. Nach dem letzten Wohnblock auf der rechten Seite biegen wir rechts ab und folgen dem Radweg zwischen Waldrand und Gärten.

Guten Appetit

Der umfunktionierte englische Doppeldeckerbus bietet als *Gastrobus* (Im Depot 45, 45731 Waltrop, Tel. 02363/91 83 13) Getränke, Kaffee, Kuchen, Grill- und Imbiss-Spezialitäten mit herrlichem Blick auf das Alte Schiffshebewerk an.

Kanalquerung Wenn wir wieder auf eine Straße treffen, die Brockenscheidter Straße, halten wir uns links und fahren am Kreisverkehr nach rechts. Wir rollen auf dem Radweg parallel zur Altenbruchstraße. Mithilfe der Ampel überqueren wir die Leveringhäuser Straße und folgen der Viktorstraße. Wir rollen über die Brücke am Dortmund-Ems-Kanal und folgen der abknickenden Vorfahrtsstraße nach links. Nun geht es die Ickerner Straße entlang. Nachdem wir das Restaurant *Külpmanns* passiert haben, biegen wir links ab in die Straße Am Rapsenweg. Diese bringt uns durch ein Gewerbegebiet. Wenn wir auf die Horststraße treffen, biegen wir nach links ab, um mithilfe einer Brücke die A2 zu überqueren.

Spurwerkturm auf der Halde Brockenscheidt

Emscher-Blick Nach einer weiteren Brücke halten wir uns links auf den Radweg und rollen auf dem Damm oberhalb der Emscher. Am Ende des Zaunes halten wir uns rechts und folgen der Heimstraße nach rechts. Wir biegen an der nächsten Möglichkeit links ab in die Damaschkestraße. Es geht durch eine alte Arbeitersiedlung. Am Ende der Straße biegen wir links in die Recklinghauser bzw. Strünkedestraße ab und an der nächsten Möglichkeit rechts auf den Fuß- und Radweg in den Wald hinein. An der T-Kreuzung geht es links. Wir überqueren die Gleise. Nach der Schranke überqueren wir die Straße Im Dahl, um schräg gegenüber weiter durch den Wald zu strampeln. Unmittelbar bevor wir auf eine Straße, den Deininghauser Weg, treffen, biegen wir links ab auf den Radweg. Dann zweigen wir rechts ab in die Nierholzstraße. Hier ist es Richtung Lindenhofpark ausgeschildert.

Endspurt Wenn die Straße nach links abknickt, rollen wir geradeaus durch den Wald. Wir ignorieren den ersten Abzweig nach links, um an der darauf folgenden Möglichkeit links abzubiegen. An der ersten Kreuzung fahren wir geradeaus, an der zweiten halten wir uns rechts. Der Waldweg geht in die Grutholzstraße über, der wir geradeaus folgen. An der ersten Ecke geht es rechts. Wenn wir auf eine weitere Straße treffen, biegen wir links ab in die Grutholzallee. Wir überqueren die Kreuzung mit der Habinghorsterstraße. Linker Hand liegen die Europahalle und das Rathaus von Castrop-Rauxel. Am Kreisverkehr biegen wir rechts ab in die Bahnhofstraße, die uns zurück zum Ausgangspunkt am Bahnhof Castrop-Rauxel bringt.

6 Rund um Duisburg

Zwischen Fluss-Genuss und Industriekultur

mittel | 36,7 km | 127 Hm | 2.30 Std.

Highlight: Landschaftspark Duisburg-Nord

Ausgangs- und Endpunkt
Hauptbahnhof Duisburg

GPS
51.430000, 6.776111

Anfahrt
Der Hauptbahnhof Duisburg ist Haltepunkt zahlreicher ICE- und IC-Verbindungen sowie zahlreicher Regionalbahn- und S-Bahnlinien – darunter auch der Rhein-Ruhr-Express (RRX, www.rrx.de).

Tourencharakter
Nahezu steigungsfrei führt die Rundtour über gut ausgebaute Radwege und ruhige Nebenstraßen.

Informationen
www.ruhr-tourismus.de
www.duisburg.de/tourismus

Wasser und Industriekultur sind die verbindenden Elemente auf der Rundtour durch Duisburg.

Auf zum Innenhafen Startpunkt ist der Hauptbahnhof in Duisburg. Wir rollen über den Vorplatz, halten uns rechts auf den Radweg neben der Mercatorstraße. Diese geht in die Saarstraße über. Wir rollen über die Kreuzung mit der Landfermannstraße hinweg. Nach der Autobahnauffahrt geht es links in die Falkstraße. Wir überqueren die Kardinal-Galen-Straße, um weiter der Falkstraße zu folgen. Wenn wir auf die Hansastraße treffen, halten wir uns links und rollen unter der A59 hindurch. Wenig später liegt rechter Hand das Museum Küppersmühle.

Vorbei am Kindermuseum Die Hansastraße geht in den Philosophenweg über. Am Parkplatz nach dem Museum biegen wir rechts ab und vor dem Hafenbecken links. Wir rollen durch den Duisburger Innenhafen mit seinen prachtvollen Glas-Stahl-Bauten sowie reichhaltigem gastronomischem Angebot.

Museum Küppersmühle

Es geht vorbei am Kindermuseum Explorado. Wir überqueren die Straße Am Innenhafen und folgen dem Fuß- und Radweg. An der Brücke halten wir uns rechts, um auf die andere Seite des Hafenbeckens zu gelangen.

Andere Seite des Hafenbeckens Wir rollen geradeaus am Studio des WDR vorbei, überqueren die Schifferstraße und setzen unseren Weg entlang der Max-Peters-Straße fort. Wir rollen unter der A40 durch und überqueren den Kreisverkehr geradeaus. Am Ende der Straße biegen wir links auf den Radweg neben der Straße Ruhrdeich ab. Wenig später halten wir uns rechts und folgen der Fuß- und Radbrücke über die Ruhrschleuse. Nach der Schleuse folgen wir dem nach rechts abschwingenden Radweg. Es geht über einen Damm mit der Ruhr zur Rechten sowie dem Hafenkanal zur Linken.

Am Kanal entlang Der Damm geht in einen asphaltierten Pfad über, der Richtung Schleuse Meiderich führt. Es geht an der Schleuse vorbei, unter der A59 hindurch und im Rechtsbogen über die Brücke am Verbindungskanal. Wir folgen dem Uferweg am Rhein-Herne-Kanal entlang. Wenn bei Kilometer 7 ein Radweg nach rechts abzweigt, ignorieren wir diesen und bleiben auf dem Uferweg, während wir uns einer bunt gestalteten Brücke nähern. Nach einem Stück am Ufer entlang, geht es un-

Brückenkunst am Duisburger Innenhafen

ter der A3 hindurch. Wir treffen auf die Rosenstraße, in die wir links abbiegen. In Höhe der Häuser 156 a/b zweigt links ein Weg ab. Dem folgen wir, um abermals über den Kanal zu gelangen.

Auf zum Landschaftspark Wir passieren die Schleuse Oberhausen-Lirich und biegen links in die Emscherstraße ab. Nachdem wir abermals die A3 unterquert haben, halten wir uns rechts. Wenn wir auf die Berliner Straße treffen, biegen wir links ab. An der nächsten Gabelung halten wir uns rechts. Nachdem wir einige Kleingärten zur Rechten passiert haben, biegen wir an der ersten Möglichkeit links in den Wald ab.

Ruhrgebiet-Erfahrung: Museum der Dt. Binnenschifffahrt

Behäbig schaukelt die Oscar Huber auf den Wellen, die der Wind auf den Vincke-kanal unterhalb der Schifferbörse kräuselt. Der letzte Raddampfer auf dem Rhein gehört zum Museum der Deutschen Binnenschifffahrt (Apostelstraße 84, 47119 Duisburg, Tel. 0203/808 89 40, www.binnenschifffahrtsmuseum.de, Di–So 10–17, 4,50 EUR, ermäßigt 2 EUR), und wer an und unter Deck herumstromert, kann eine Zeitreise in die Geschichte der Schifffahrt unternehmen. Erbaut wurde der Seitenrad-Schleppdampfer 1921/22. Das Museum der Deutschen Binnenschifffahrt selbst ist im restaurierten Jugendstil-Hallenbad untergebracht. In der Herrenschwimmhalle steht mit dem Lastensegler Goede Verwachting ein Hingucker. Daneben erfreut sich der begehbare Nachbau eines Binnenschiffes großer Beliebtheit.

Nach einem Fußballplatz halten wir uns an der Gabelung links. Wir rollen in eine Grünanlage und fahren nach der Rechtskurve geradeaus. Der Weg durch den Park führt uns vorbei an einem Buswendehammer zur Essen-Steeler-Straße, in die wir rechts abbiegen. An der Ampel überqueren wir die Neumühler Straße und setzen den Weg geradeaus fort. Wenn rechts ein Basketballfeld erscheint, fahren wir rechts bis zur nächsten T-Kreuzung. Dort geht es links auf den Landschaftspark Duisburg-Nord zu.

Im Schatten des Tauchgasometers Vor den Treppen halten wir uns links. An der nächsten Gabelung geht es rechts und dann sofort wieder links. Wir treffen auf die Emscherstraße, fahren dort rechts und links an den Schranken vorbei auf das Areal des Landschaftsparks Duisburg-Nord (siehe Seite 108). An der ersten Möglichkeit halten wir uns rechts und passieren das Tauchgasometer. Rechter Hand liegen öffentliche Toiletten. An der nächsten Möglichkeit geht es links in die Hochofenstraße. Wir rollen durch die alte Industrieanlage und folgen dem Weg im Rechtsbogen eine Rampe hinauf und biegen sofort links auf den geschotterten Pfad. Auf dem Damm geht es parallel zu einer stillgelegten Bahnlinie wieder hinaus aus dem Landschaftspark Duisburg-Nord.

Am Ufer der Emscher Nach der A59 nehmen wir den rechten Weg, der uns hinunter an die Hamborner Straße bringt. Hier biegen wir scharf links ab. Nachdem wir unter der Brücke hindurch sind, biegen wir rechts ab auf den Radweg, die Emscherpromenade, die nun parallel zur Alten Emscher durch eine Grünanlage führt. Wir rollen eine Rampe hinunter, überqueren

Schleuse Oberhausen-Lirich

Duisburger Innenhafen

die Papiermühlenstraße und biegen schräg gegenüber in den Radweg ab. Unmittelbar vor zwei Pollern halten wir uns an der Gabelung nach links. Wir treffen auf eine Straße, überqueren diese und bleiben auf dem Fuß- und Radweg. Auch die Helmholtzstraße überqueren wir geradeaus und bleiben auf dem Radweg. Wenn wir auf die Neanderstraße treffen, halten wir uns links. An der nächsten Ecke halten wir uns links und folgen der Stockumer Straße. Wir überqueren die Straße An der Brauerei geradeaus, bleiben auf der Stockumer Straße, um an der T-Kreuzung links in die Friedrich-Ebert-Straße abzubiegen.

Hinauf auf den Rheindeich Gegenüber dem Discounter Lidl fahren wir die Rampe hinauf. Wir rollen parallel zur Bahn, bis wir auf eine T-Kreuzung treffen. Hier geht es links. Wir folgen dem Fuß- und Radweg in ein Waldstück hinein. Unmittelbar nach dem Fußballplatz geht es an der T-Kreuzung rechts das kurze steile Stück hinunter und sofort wieder links. Wenn wir schließlich auf die Ahrstraße treffen, halten wir uns rechts und sofort wieder links, um mithilfe einer Rampe auf den Uferweg am Rhein zu gelangen. Oben auf dem Damm geht es nach links. Der Radweg geht schließlich in eine Straße über, der wir folgen, um mithilfe einer Brücke über die Zufahrt zu einem Hafenbecken zu gelangen.

Spannendes in Ruhrort Am Ende der Straße halten wir uns rechts und folgen dem Radweg an der Rheinallee. Diese geht in die Dammstraße über und wir folgen deren Verlauf. Wir passieren die Schiffsbörde mit dem Museum der Deutschen Binnenschifffahrt und folgen der Krausstraße bis zur Ampel, wo wir rechts auf den Radweg neben der Ruhrorter Straße abbiegen. Wir überqueren nacheinander den Vinckekanal, den Hafenkanal und die Ruhr und halten uns am Kreisverkehr rechts auf dem Fuß- und Radweg Richtung Rheinorange. Wir folgen dem Damm und nehmen nach knapp anderthalb Kilometern den Weg rechts für einen Abstecher hinunter zur Rheinorange.

Rheinorange

Schiffe gucken an der Ruhrmündung Die orangefarbene Stele markiert die Mündung der Ruhr in den Rhein. Danach geht es wieder die Rampe hinauf und rechts, um weiter dem Damm zu folgen. Abermals rollen wir unter der Autobahn hindurch. Nach einigen Tanks zur Rechten geht es rechts die Rampe hinunter und in einer 180-Grad-Kurve auf eine Straße. An der ersten Möglichkeit geht es links und an der Ampel rechts auf den Radweg neben der Essenberger Straße. Wenn wir nach einer Brücke auf eine T-Kreuzung treffen, geht es links. Wenn wir wieder auf eine Ampel treffen, halten wir uns links und folgen dem Radweg neben der Schifferstraße.

Endspurt durch die Innenstadt An der Ampel geht es rechts über die Brücke Am Schwanentor. Wir folgen der Schwanenstraße vorbei am Rathaus. Wir überqueren die Poststraße und setzen die Route geradeaus durch die Fußgängerzone und die Kuhstraße fort. Die Kuhstraße geht in die Königstraße über. Hier begrüßt uns eine Skulptur von Niki de Saint Phalle. Nach der Touristeninformation überqueren wir die Mercatorstraße nach rechts und gelangen wieder zum Ausgangspunkt am Duisburger Hauptbahnhof.

Guten Appetit

Inmitten des Duisburger Hafengebiets endet die Ruhr nach 219 Kilometern. Und auch der 230 Kilometer lange Ruhrtalweg. Genau an dieser Stelle ragt senkrecht aus dem Boden ein monumentaler Farbkörper empor. Der Farbton des von Lutz Fritsch 1992 geschaffenen Kunstwerks trägt im RAL-Farbsystem die Nummer 2004 und bezeichnet „Reinorange“, was zu einem Wortspiel mit Deutschlands mächtigstem Strom einlädt. Die Rheinorange ist ein perfekter Ort, um zum Ende der Tour zu picknicken und entspannt die Schifffahrt auf Rhein und Ruhr zu beobachten.

7 Rund um Lünen

Zwischen Persil-Uhr und Kommunistenkurve

mittel | 52,9 km | 242 Hm | 4.00 Std.

Highlight: Kommunistenkurve

Ausgangs- und Endpunkt
Bahnhof Lünen

GPS
51.617222, 7.529167

Anfahrt
Der Bahnhof Lünen ist von Dortmund oder Münster mit der RB 50 sowie mit der RB 51 zu erreichen. (www.bahn.de).

Tourencharakter
Die überaus abwechslungsreiche Strecke führt vornehmlich über gut ausgebaute Radwege und ruhige Nebenstraßen. Nennenswerte Steigungen sind Fehlanzeige.

Informationen
www.ruhr-tourismus.de
www.luenen.de/freizeit-tourismus

Die familiengerechte Rundtour von Lünen über Bergkamen und Kamen zurück nach Lünen hat einige Höhepunkte aufzuweisen.

Persil-Uhr und Ochsenzug Vom Bahnhof Lünen rollen wir geradeaus bis zur Münsterstraße, in die wir links abbiegen. Wir überqueren die Gleise und fahren an der Ampel geradeaus über die Kurt-Schumacher-Straße (B54) hinweg. An der nächsten Gabelung – hier liegen rechts die Persil-Uhr und links die Skulptur Ochsenzug – halten wir uns links. Wir rollen auf die Brücke mit den blauen Bögen zu und biegen unmittelbar vor der Brücke rechts auf den Fuß- und Radweg ab. Wir folgen dem Uferweg entlang der Lippe, überqueren die Graf-Adolf-Straße, um weiter dem Fuß- und Radweg zu folgen, bevor wir unter der Konrad-Adenauer-Straße hindurchrollen. Wir kommen auf einen Damm, dem wir in Sichtweite zur Lippe folgen. An der ersten Gabelung halten wir uns links. An der T-Kreuzung halten wir uns links, um durch ein Waldstück zu strampeln. Auch an der nächsten T-Kreuzung geht es links, Richtung Brambauer, bevor wir mithilfe einer Brücke die Lippe überqueren. Der Weg wird zur Schloßallee. Wir treffen auf die Brunnenstraße, überqueren diese, um dem Mühlenweg zu folgen. Linker Hand liegt hier die ehemalige Schlossmühle Lippolthausen mit einem prächtigen Fachwerkbau, in dem heute das Standesamt der Stadt Lünen angesiedelt ist.

Historischer Ziegelhauscharme Nach einem leichten Anstieg überqueren wir den Bahnübergang. Wenn wir auf die Frydagstraße treffen, biegen wir rechts ab und rollen durch ein Gewerbegebiet. Wenn die Straße nach rechts abknickt, fahren wir weiter geradeaus und folgen dem Fuß- und Radweg, der uns mithilfe einer Brücke über den Datteln-Hamm-Kanal bringt. An der ersten Möglichkeit biegen wir scharf nach links ab und

Guten Appetit

Der Kiosk am Preußenhafen ist mit seiner Außengastronomie der perfekte Ort, um eine kleine Stärkung mit Blick auf das bunte Treiben auf dem Datteln-Hamm-Kanal zu genießen.

Radfahrerinnen am Datteln-Hamm-Kanal

gelangen an das Kanalufer, wo wir uns rechts halten. Nachdem wir den Stadthafen Lünen passiert haben, halten wir uns an der dritten Brücke rechts und biegen an der nächsten Möglichkeit links in die Karlstraße ab, um durch eine historische Arbeitersiedlung zu rollen. An der Kreuzung biegen wir rechts in die Gahmer Straße ab und sofort links in die Bahnstraße. In Höhe des Hauses 75a biegen wir links ab auf den Fuß- und Radweg. An der T-Kreuzung geht es rechts und wir passieren den Friedhof Süd. An der nächsten Ecke biegen wir links in die Sedanstraße ab. Diese führt uns ein Stück durch die Siedlung Ziethenstraße. 52 identische Ziegelhäuser, die 1898 für die Arbeiter der ehemaligen Zeche Preußen errichtet wurden, fallen hier in den Blick.

Persil-Uhr in Lünen

Hafenidylle An der ersten Kreuzung biegen wir links in die Saarbrücker Straße ab. An deren Ende halten wir uns rechts in die Blücherstraße. Nach einer Schranke halten wir uns links und gelangen auf den Uferweg am Datteln-Hamm-Kanal. Wir rollen unter einer weiteren Brücke hindurch, am Mohr-Kran aus dem Jahr 1962 vorbei und erreichen den Preußenhafen. Ein Kiosk lädt zu einer Verschnaufpause ein, auch öffentliche Toiletten finden sich hier. Unmittelbar vor Erreichen der nächsten Brücke halten wir uns rechts, folgen dem Weg bergan, um in einem Linksbogen auf die Brücke zu gelangen, die uns über den Kanal bringt.

Schloss Schwansbell in Lünen

Schlossgeschichten Nachdem wir auf der anderen Seite im Bogen wieder das Kanalufer erreichen, halten wir uns links Richtung Marina Rünthe. Unmittelbar nach der nächsten Brücke fahren wir links und an den nächsten beiden T-Kreuzungen jeweils nach rechts. Und an der darauffolgenden Gabelung wieder rechts und folgen der Straße nach rechts Richtung Museum. Wir kommen zum Museum der Stadt Lünen und zum Schloss Schwansbell. Das Museum widmet sich unterschiedlichen Themenkomplexen von der Wohnkultur des 19. Jahrhunderts bis hin zur Industrie- und Handwerksgeschichte. Die Geschichte des Schlosses reicht bis 1187 zurück, als hier der Rittersitz der Herren von Schwansbell entstand. Sein heutiges Aussehen verdankt es dem Umbau von 1872 bis 1875. Im Jahr

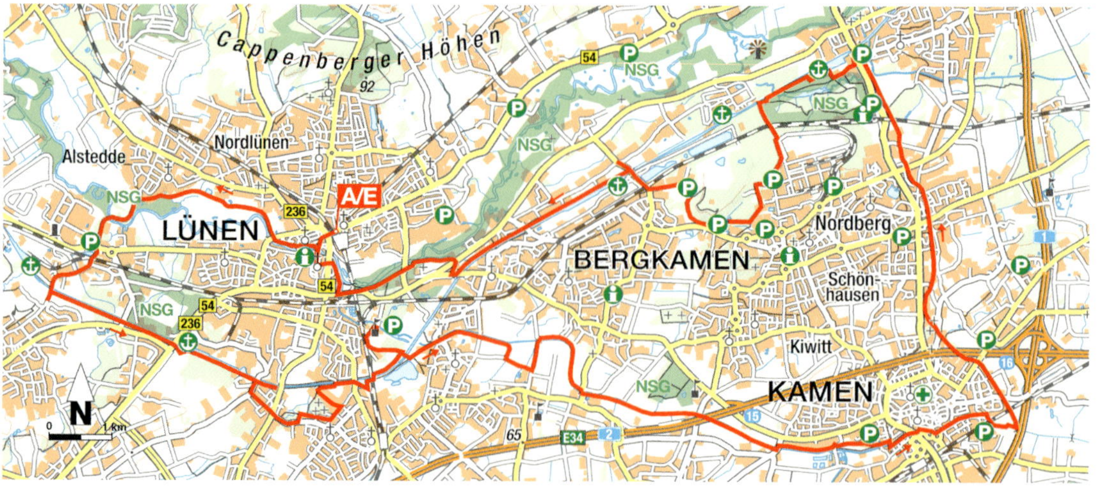

1929 übernahm die Stadt Lünen das Anwesen, 1982 wechselte es in Privatbesitz und wurde in ein Wohn- und Bürogebäude umgebaut.

Versteckte Kommunisten Wir rollen am Schloss vorbei durch den Park, halten uns an der ersten Gabelung rechts. Am Spielplatz geht es nach links, ebenso an der nächsten Straßenecke. Auch an der Schranke biegen wir links ab. Es folgt ein Anstieg, der uns mithilfe einer Brücke über den Kanal bringt. Rechter Hand liegt der Seepark Lünen. Auf dem rund 60 Hektar großen Areal, das einst zur Zeche Preußen gehörte, fand 1996 die Landesgartenschau statt. Das Naherholungsgebiet besticht nicht nur durch Pflanzenvielfalt und liebevoll angelegte Rosen- und Staudengärten, sondern verfügt am Horstmarer Loch auch über einen 5.000 Quadratmeter großen Strand, Liegewiesen und eine Felsenbühne, auf der Theatervorführungen und Konzerte angeboten werden. An der ersten Möglichkeit biegen wir links ab. Nach knapp 100 Metern verbirgt sich links im Gebüsch die Kommunistenkurve, die vom Radweg schwer zu erkennen ist.

Kommunistenkurve in Lünen

Im Hier und Jetzt An der T-Kreuzung fahren wir links und vor dem Ufer sofort wieder rechts. Wenn wir wieder auf eine Straße (Breiter Weg) treffen, halten wir uns links Richtung Bergkamen. Wenn der Weg sich gabelt, halten wir uns links und rollen an einer Pferdekoppel vorbei. An der nächsten Gabelung nehmen wir den rechten der beiden Wege. Nachdem wir die Seseke überquert haben, halten wir uns an der Gabelung rechts. An der nun folgenden Gabelung halten wir uns wieder rechts. Wir treffen auf eine Straße, überqueren diese und biegen rechts

Ruhrgebiet-Erfahrung: Kommunistenkurve

Lünen war kein Teil der UdSSR, und doch finden sich „verdiente Kommunisten“ im Seepark. Neun Sowjet-Helden wurden in der Kommunistenkurve eingebuddelt. Um wen es sich genau handelt, vermag niemand zu sagen. Das Konterfei von Lenin ist dabei, über die anderen „Ausstellungsmitglieder“ lässt sich allenfalls spekulieren. Eines ist den Büsten gemeinsam: Sie alle wurden nach dem Zusammenbruch der UdSSR 1991 demontiert. Die Skulpturen sollten eingeschmolzen werden. Ein Auftrag, der nach Lünen vergeben wurde. Doch in den damaligen Hüttenwerken wurden nicht alle Büsten eingeschmolzen, sondern erst einmal zwischengelagert, wo sie in Vergessenheit gerieten. 1996 wurden sie wiederentdeckt. Schnell entstand die Idee, ihnen als Kunstinstallation neues Leben einzuhauchen.

Mohr-Kran am Preußenhafen in Lünen

auf die Brücke ab. Auf der anderen Seite halten wir uns links Richtung Bönen und folgen dem Seseke-Radweg unter der Autobahn hindurch. Wenig später passieren wir das Jetzt-Kunstwerk von Christian Hasucha. Hier formen Steingabionen die Umrisse des Wortes „Jetzt".

Zechencharme Wenn wir auf die Hilsingstraße treffen, fahren wir links über die Brücke und sofort rechts in die Straße An der Seseke. Nachdem wir auch die Lünener Straße überquert haben, kommt linker Hand ein ehemaliger Förderturm der Zeche Monopol in Kamen in den Blick. Wenn der Weg sich gabelt, halten wir uns rechts, queren die Brücke und halten uns links. Wenn wir wieder auf eine Straße treffen, biegen wir links ab und folgen der Straße Am Schwimmbad. Wir überqueren die Koppelstraße und die Straße Stiller Weg. Wenn die Straße nach rechts abknickt, bleiben wir geradeaus auf dem Fuß- und Radweg und gelangen zum Seseke-Park. Nach dem Spielplatz biegen wir links ab auf die Brücke und auf der anderen Seite der Seseke sofort rechts auf den Fuß- und Radweg.

Alte Bahntrasse Wenn der Weg endet, biegen wir rechts ab über die Brücke, um die Fahrt nach links fortzusetzen. Es geht unter der Fünf-Bogen-Brücke hindurch. Wenn der Weg auf eine T-Kreuzung trifft, biegen wir links ab und auf der anderen Seite der Seseke sofort wieder nach rechts. An der nächsten T-Kreuzung rollen wir nach links und folgen dem Klöcknerbahnweg, eine ehemalige Bahntrasse, die zum Radweg umgebaut wurde. An deren Ende halten wir uns an der T-Kreuzung nach rechts. Wir folgen dem Radweg Richtung Marina Rünthe und überqueren eine Reihe von Straßen geradeaus. An der T-Kreuzung geht es nach links und an der nächsten Ecke sofort rechts auf den Radweg. Wenn wir auf das Ufer des Datteln-Hamm-Kanals treffen, biegen wir links ab. Nachdem wir unter der Brücke hindurch sind, folgen wir dem Radweg nach links.

Mediterranes Marina-Flair Nach den Pollern geht es rechts und sofort links auf die parallel verlaufende Straße und unmittelbar zwischen den Häusern rechts auf den Radweg. Wir treffen auf den Hafenweg, in den wir rechts abbiegen. Wenig später liegt rechter Hand der Zugang zur Marina Rünthe, wo das Hafencafé zu einer Verschnaufpause einlädt. Wir folgen dem Hafenweg bis zum Ende, halten uns rechts und fahren über den

Parkplatz, um links auf den Uferweg am Datteln-Hamm-Kanal abzubiegen. Nach der Brücke am Sicherheitstor Bergkamen nehmen wir links den Waldweg. Wir folgen der Straße über die Schienen hinweg. Vor einem Kunstwerk, das Teil der Installation an der Halde Großes Holz ist, biegen wir links ab. Wenn der Weg sich gabelt, folgen wir dem Anstieg nach rechts. An der ersten Gabelung geht es rechts und an der folgenden T-Kreuzung links. Vor dem Parkplatz biegen wir rechts ab und an der nächsten Möglichkeit links. Wir kommen zu einem Platz mit weiteren Installationen und biegen links ab.

Durch die Innenstadt Mithilfe einer Brücke überqueren wir die Schienen und den Kanal. An der nächsten Ecke fahren wir rechts in die Straße Königslandwehr, um im Bogen wieder ans Ufer des Kanals zu gelangen, wo wir uns rechts halten. Unmittelbar vor der Kamener-Straße-Brücke biegen wir rechts ab. Wir folgen der Straße Im Westfeld nach rechts, überqueren die Hammer Straße und folgen dem Radweg durch den Wald. Wir überqueren die Zwolle Allee und bleiben auf dem Radweg. Dieser führt hinunter an die Straße. Nach der Bushaltestelle „Sesekebrücke“ und dem Parkplatz biegen wir rechts ab. An der T-Kreuzung fahren wir links über die Brücke und danach wieder rechts. Wenn der Weg sich gabelt, rollen wir links runter, unter der B54 hindurch. Wenn die Straße nach links abknickt, folgen wir der Stadttorstraße geradeaus und biegen rechts in die Fußgängerzone entlang der Lange Straße ab. Wir rollen entlang der Münsterstraße über die Lippe, halten uns vor der Persil-Uhr rechts. Die Kurt-Schumacher-Straße überqueren wir, halten uns nach den Gleisen rechts und kommen zurück zum Bahnhof Lünen.

Café am Preußenhafen in Lünen

8

Von Kanal zu Kanal

Wo Herne nah am Wasser gebaut ist

mittel 41,6 km 266 Hm 3.15 Std.

Highlight: Schloss Strünkede

Ausgangs- und Endpunkt
U-Bahn-Haltestelle Schloss Strünkede in Herne

GPS
51.551646, 7.213849

Anfahrt
U-Bahn-Haltestelle Schloss Strünkede in Herne ist mit der U 30 von Bochum Hauptbahnhof oder alternativ ab Bahnhof Herne über den Bahnhofstraße per Rad zu erreichen.

Tourencharakter
Nahezu steigungsfrei führt die Rundtour über gut ausgebaute Radwege und ruhige Nebenstraßen.

Informationen
www.herne.de
www.stadtmarketing-herne.de/herne-entdecken
www.ruhr-tourismus.de

Der Höhepunkt dieser Rundtour liegt mit dem Schloss Strünkede nur einen Steinwurf vom Startpunkt entfernt. Der Besuch zu Beginn oder im Anschluss an die Tour ist ein Muss.

Auf zum Kanal Vom U-Bahn-Haltepunkt an der Ecke Karl-Brandt-Weg und Bahnhofstraße überqueren wir die Bahnhofstraße mithilfe der Ampel und halten uns links auf dem Radweg. Nach etwa 880 Metern biegen wir vor der Kanalbrücke links auf den Fuß- und Radweg ab, der uns ans Ufer des Rhein-Herne-Kanals bringt. Wir folgen dem selbsterklärenden Weg. Wenn vor uns eine Brücke mit zwei markanten Bögen erscheint, nutzen wir unmittelbar davor links die Rampe, mit deren Hilfe wir auf die Brücke gelangen. Nachdem wir die Brücke an der Hertener Straße überquert haben, biegen wir links ab, um wieder ans Kanalufer zu gelangen. Wir folgen für ein Stück einer Straße, die in einen Radweg übergeht. Vorbei an einigen Kohlehalden rollen wir auf die Schleuse Wanne-Eickel zu.

Großer Rummel Nach der Schleuse nehmen wir den ersten Abzweig nach links und biegen an der T-Kreuzung rechts ab. Wir kommen zum Festplatz der Cranger Kirmes, biegen rechts ab und folgen der Straße Altcrange. Kurz bevor die Straße an einem Waldstück nach links abschwenkt, halten wir uns rechts, um auf den Weg am Kanal zu gelangen. Kurz vor der nächsten Brücke biegen wir links ab, um im 180-Grad-Bogen auf die Brücke zu gelangen und entlang der Recklinghäuser Straße den Kanal zu überqueren. Wir folgen dem Radweg auf der linken Seite geradeaus über die nächste Ampel hinüber. An der Ampel findet sich ein Aldi-Markt, während geradeaus die Halde Hoheward mit dem Horizontobservatorium im Blick erscheint.

Auf dem Emscher-Weg Wir überqueren die Emscher und biegen vor dem Ortsausgangsschild von Herne links auf den Radweg ab. Wir folgen für ein Stück dem Emscher-Weg. Olfaktorisch kann die Emscher hier leider nicht verleugnen, lange als Industriefluss missbraucht worden zu sein. Wenn wir an einer

Papageienbrücke Unser Fritz in Herne

Brücke auf eine T-Kreuzung treffen, biegen wir links ab, fahren über die Brücke und unmittelbar danach wieder rechts. Auf Höhe der nun folgenden Brücke biegen wir links ab, rollen eine Rampe hinunter, an deren Fuß wir uns scharf nach links halten, um durch das Resser-Wäldchen zu radeln. An der ersten Gabelung geht es rechts und an der nächsten Möglichkeit nach links. Wenn linker Hand das Gut Steinhausen liegt, biegen wir rechts ab und folgen dem kurzen Anstieg.

Zechenkultur im Vorbeifahren Wenn wir auf die Wiedehopfstraße treffen, biegen wir rechts ab und folgen dieser geradeaus. An der Ampel überqueren wir die Dorstener Straße (B 226) und folgen der Straße Grimberger Feld. An der T-Kreuzung halten wir uns links und biegen an der nächsten Ecke rechts in die Straße Zur Künstlerzeche. Hier liegt die namengebende Künstlerzeche Unser Fritz II/III. Diese entstand 1964 aus einer stillgelegten Schachtanlage und beherbergt Künstlerateliers und Ausstellungsräume. Unmittelbar nach der Zeche biegen wir vor dem Gebäude der Wassersportgemeinschaft Wanne-Eickel links auf den Fuß- und Radweg ab, der uns auf eine Bogenbrücke bringt, die Papageienbrücke Unser Fritz, mit deren Hilfe wir den Rhein-Herne-Kanal überqueren.

Schleuse Wanne-Eickel

Über die Erzbahntrasse Auf der anderen Seite biegen wir im 180-Grad-Winkel links ab, um ans Kanalufer zu gelangen. Hier halten wir uns erneut links. An der ersten Möglichkeit biegen

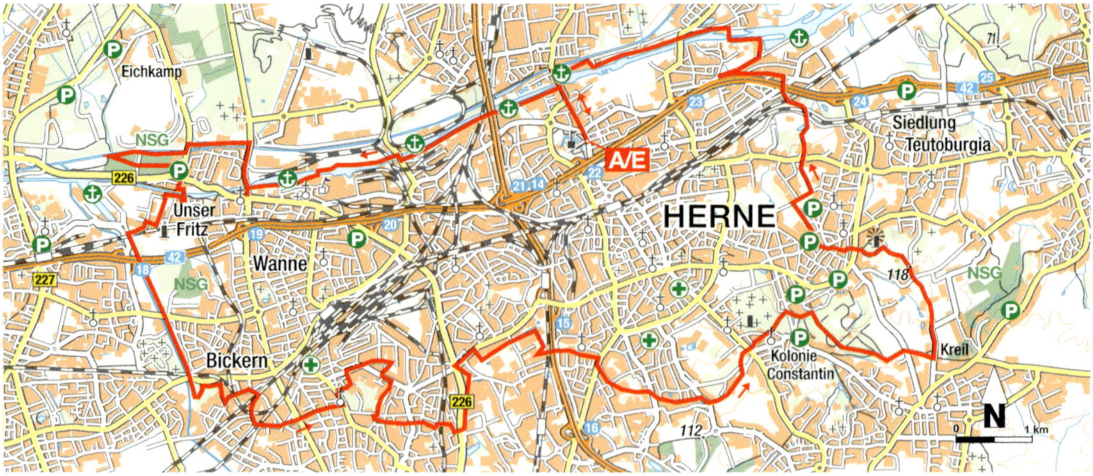

wir links zwischen rot-weißen Pollern ab. Wenn wir auf eine Straße treffen, halten wir uns rechts, um am Kreisverkehr links abzubiegen. Wenn vor uns die A42 erscheint, nutzen wir den links abzweigenden Radweg, um nach einer S-Kurve rechts abzubiegen. Wir rollen nun über den Erzbahn-Radweg auf der Trasse der ehemaligen Erzbahn.

Richtung Wanne Nach knapp 14 Kilometern Fahrstrecke biegen wir links ab. Hier ist es Richtung Herne-Wanne ausgeschildert. An der T-Kreuzung geht es rechts. Wir rollen durch ein Waldstück, halten uns an der T-Kreuzung links und an der nächsten Gabelung rechts. Wenn wir wieder an eine T-Kreuzung gelangen, biegen wir rechts ab und an der ersten Möglichkeit nach links. Wenn wir auf eine Straße treffen, halten wir uns links und an der abknickenden Vorfahrt nach rechts und folgen der Plutostraße. Wir überqueren die Bahnlinie – hier liegt auch ein Aldi-Markt – und fahren rechts in die Görresstraße. Nachdem wir unter der Bahnbrücke hindurch sind, biegen wir links ab in die Straße Auf der Wilbe.

Emscher-Radweg in Herne

Durch den Dorneburger Park Wir treffen wieder auf die Plutostraße und überqueren sie, um an der nächsten Möglichkeit rechts in die Kleine Martinistraße abzubiegen. Nach dem Wendehammer überqueren wir die vor uns liegende Wakefieldstraße, um weiter geradeaus zu rollen. Wir folgen der Martinistraße, überqueren den Eickeler Bruch und die Harkortstraße. Wenn wir auf die Hauptstraße treffen, biegen wir links ab. Wir nehmen den ersten Abzweig nach rechts und biegen vor der Gaststätte *Zum Löwen* in die Straße Im Sportpark ab. An der zweiten Möglichkeit geht es links in die Steinstraße. An der beampelten Kreuzung halten wir uns rechts in die Kurhausstraße. An der abknickenden Vorfahrt setzen wir den Weg geradeaus fort und kommen zum Dorneburger Park.

Idylle auf dem Heckenweg Nach dem Teich halten wir uns rechts und biegen an der nächsten Möglichkeit links ab in die Dorneburger Straße und dann rechts in die Eintrachtstraße. An der ersten Möglichkeit biegen wir rechts in einen Fuß- und Radweg ab und an der nächsten Möglichkeit links. Es folgt ein kurzer Anstieg. Wir treffen auf den Heisterkamp und überqueren diesen leicht diagonal, um der Hirtenstraße zu folgen. Nachdem wir ein paar Kleingärten passiert haben, geht es links in einen Fuß- und Radweg. Wir folgen dem Heckenweg und überqueren dabei ein paar Straßen geradeaus. Wenn wir an den Tulpenweg gelangen, halten wir uns links und an der nächsten Ecke wieder rechts. Wir überqueren Gleise und rollen durch eine Kleingartenanlage.

Im Schatten des Gasometers An der T-Kreuzung fahren wir rechts und gelangen zur Dorstener Straße (B226), die wir mithilfe einer Ampel überqueren. Wir biegen dann nicht links auf den Radweg neben der Bundesstraße ab, sondern erst an der nächste Ecke. Dies ist ebenfalls die Dorstener Straße. An deren Ende halten wir uns rechts in die Holsterhauser Straße. Nach

Gasometer Herne

Flottmann-Hallen in Herne

der Autowerkstatt Unger (ATU) biegen wir rechts ab und rollen ein Stück über einen Fuß- und Radweg durch ein Waldstück. Es geht vorbei an einer Skateranlage, während vor uns das Gasometer Herne im Blick erscheint. In Höhe des Gasometers biegen wir rechts ab. Wenn wir auf eine T-Kreuzung treffen, halten wir uns rechts. Wir unterqueren zwei Brücken der A43 und halten uns rechts. Nach einem kurzen Anstieg biegen wir rechts ab und an der nächsten Möglichkeit links in die Straße Am Schrebergarten.

Flott zu den Flottmann-Hallen An der T-Kreuzung geht es links und an der nächsten Möglichkeit nach rechts. Wir folgen einem geschotterten Fuß- und Radweg. Gesäumt wird dieser von Skulpturen, die Bestandteil des Skulpturenparks Flottmann sind. Linker Hand liegen wenig später die Flottmann-Hallen (www.flottmann-hallen.de). Wir biegen rechts ab in die Flottmannstraße und an der nächsten Ecke links in den Erlenweg. An der T-Kreuzung vor dem Park halten wir uns rechts, um auf dem Erlenweg zu bleiben. An dessen Ende geht es rechts in die Bergstraße. Unmittelbar vor einem Garagenhof biegen wir links in einen Fuß- und Radweg ab. Es folgt ein etwa 250 Meter langer Anstieg. Wir nehmen den zweiten Abzweig nach links, um unmittelbar vor einem Stoppschild abermals einen Abzweig nach links zu nehmen.

Im Gysenberger Wald Wir überqueren eine Straße geradeaus, um auf dem Fuß- und Radweg zu bleiben. Wenn wir auf eine Sporthalle treffen, biegen wir rechts ab und rollen durch den Gysenbergpark. Der Weg durch den Park und den Gysenberger Wald steigt zunächst kontinuierlich an. Wenn er sich nach etwa 28,7 Kilometern Fahrstrecke gabelt, nehmen wir den linken. Vor einem Feld biegen wir links ab. Wir überqueren eine Straße, um weiter am Feldrand entlang zu strampeln. An der nun folgenden Straßenecke nach einem kurzen Anstieg biegen wir links ab und folgen der Straße. Wenn die Holthauser Straße nach rechts abschwenkt, rollen wir geradeaus über die Oestrichstraße. Wir gelangen zu einem Waldstück. An der ersten Gabelung biegen wir vor einem Fußballplatz links ab.

Skulpturenpark Flottmann

Auf zum Mont Cenis Eine Schussfahrt bringt uns auf die Bromberger Straße. Wir überqueren die Sodinger Straße, um weiter der Bromberger Straße zu folgen. An der T-Kreuzung geht es links in die Ringstraße und sofort rechts in die Straße Im Braunskamp. Wir überqueren die Saarstraße und biegen vor einem Bunker links ab. An der Ecke geht es rechts in die Gerther Straße. An der nun folgenden Kreuzung fahren wir links in die Mont-Cenis-Straße und biegen rechts in die Jürgen-von-Manger-Straße ab. Wir rollen vorbei an der Mont-Cenis-Akademie (siehe Seite 83), nehmen an der Gabelung den linken Weg und

Kunstobjekt im Skulpturenpark Flottmann

Industriekulisse am Rhein-Herne-Kanal

folgen für ein Stück der Allee, um am ersten Abzweig nach rechts abzuschwenken. Nach einer kurzen Talfahrt rollen wir durch ein Tor und halten uns rechts, um der Kantstraße zu folgen.

Kleine Landpartie Nachdem wir zwischen zwei Pollern hindurch sind, nehmen wir den ersten Abzweig nach links. Wir überqueren die Castroper Straße und folgen der Straße Voßnacken. Schließlich treffen wir auf einen Fuß- und Radweg im Wald und halten uns an der zweiten Möglichkeit rechts. Wir unterqueren eine Doppelbrücke und biegen links ab. Nach der Bahnbrücke setzen wir unseren Weg geradeaus fort. Wenn wir wieder auf eine Straße treffen, die Von-Waldthausen-Straße, biegen wir rechts ab, um unter der A42 hindurch zu fahren. Unmittelbar nach der Autobahnbrücke geht es links in die Ilseder Straße. An der T-Kreuzung fahren wir links auf den Zechenring. Wenn dieser nach links abknickt, folgen wir geradeaus dem Fuß- und Radweg. An der folgenden Gabelung setzen wir unseren Weg geradeaus fort und folgen dem Anstieg. Wenn wir wieder auf eine Straße treffen, halten wir uns links. An der nächsten Möglichkeit biegen wir im 180-Grad-Winkel auf den Weg am Rande der Kleingartenanlage ab.

Zurück an den Kanal Wenn der Pfad in der Kleingartenanlage nach links abschwenkt, folgen wir geradeaus dem Stichweg bergan. Wenn wir auf die Gneisenaustraße treffen, biegen wir

Ruhrgebiet-Erfahrung: Schloss Strünkede

Die Adelsfamilie Strünkede stand bei der Namensgebung ihres Schlosses (Karl-Brandt-Weg 5, 44629 Herne, Tel. 02323/16 10 72, www.emschertal-museum.herne.de, Di–Fr 10–13 u. 14–17, Sa 14–17, So 11–17, Erwachsene 3 EUR, Kinder u. Jugendliche von 6–17 Jahren 0,50 EUR) Pate. Über Jahrhunderte war das 1243 erstmals urkundlich erwähnte Anwesen der Familienstammsitz der Strünkedes. Seit 1938 ist im Wasserschloss das Emschertal-Museum untergebracht. Zahlreiche Exponate dokumentieren hier die örtliche Geschichte von den Neandertalern über die Karolingerzeit bis hin zum Industriezeitalter. Zudem wird die Historie des Schlosses und der Familie von Strünkede anschaulich aufgearbeitet.

Schloss Strünkede in Herne

links ab. An der nächsten Möglichkeit geht es links, hier ist es Richtung Schleuse Herne-Ost ausgeschildert. Wir gelangen an die Schleuse und halten uns an der ersten Möglichkeit rechts. Wir folgen der Brücke über die Schleuse und biegen auf der anderen Seite links ab. Nach einem kurzen Stück auf der Pöppinghauser Straße nehmen wir die erste Möglichkeit links, den Radweg, der ans Ufer des Rhein-Herne-Kanals führt. Wir passieren den Stadthafen, rechter Hand liegt auf der anderen Seite der Emscher das Umspannwerk Recklinghausen mit dem gleichnamigen Museum.

Endspurt zum Ausgangspunkt Wir treffen auf die Bochumer Straße, in die wir links abbiegen. Die Bochumer Straße geht in die Bahnhofstraße über. Wir rollen über den Kanal. Rechter Hand liegt mit *An der Stadtgrenze* eine gastronomische Einrichtung. Wenn die Vorfahrtsstraße nach rechts abschwenkt und zum Westring wird, halten wir uns an der Ampel leicht nach links, um geradeaus der Bahnhofstraße zu folgen. Auf dem Radweg parallel zur Straße gelangen wir wieder zum Startpunkt an der U-Bahn-Haltestelle Schloss Strünkede.

Guten Appetit

Die Gaststätte *An der Stadtgrenze* (Bahnhofstraße 287, 44629 Herne, Tel. 02323/214 27) macht ihrem Namen alle Ehre. Direkt am Rhein-Herne-Kanal gelegen, lädt das Lokal zu einer Stärkung zu Beginn oder gegen Ende der Rundtour ein.

9

Rund um Wattenscheid

Eisenbahnnostalgie und Halden-Glück

mittel 33,4 km 296 Hm 2.45 Std.

Highlight: Eisenbahnmuseum Dahlhausen

Ausgangs- und Endpunkt
Bahnhof Bochum-Wattenscheid

GPS
51.473611, 7.140000

Anfahrt
Der Bahnhof Wattenscheid ist Haltepunkt zahlreicher Regionalbahn- und S-Bahnlinien – darunter auch der Rhein-Ruhr-Express (RRX, www.rrx.de).

Tourencharakter
Ohne Kondition ist die Rundtour nur schwer zu bewältigen, zumal schweißtreibende Anstiege warten. Weite Teile führen über gut ausgebaute Radwege, es gibt aber auch Teilstücke, die entlang schwach befahrener Straßen bewältigt werden müssen. Lediglich zwischen Wattenscheid und Weitmar geht es entlang stärker frequentierter Straßen.

Informationen
www.visitessen.de
www.gelsenkirchen.de
www.bochum-tourismus.de

Zwischen Großstadtflair und ländlicher Beschaulichkeit wechselt die vielschichtige Tour von Wattenscheid nach Dahlhausen, wo das Eisenbahnmuseum nicht nur Bahnromantiker in seinen Bann zieht.

Großstadtflair Startpunkt ist am Bahnhof Wattenscheid. Wir biegen rechts ab in die Fritz-Reuter-Straße, an der Ampel rechts in die Bahnhofstraße und sofort wieder links, um den Weg über die Fritz-Reuter-Straße fortzusetzen. An der nächsten Ampel biegen wir rechts ab und sofort schräg gegenüber auf der linken Seite in den Fuß- und Radweg, der in die Straße Auf dem Kley übergeht. Nach einem kurzen Anstieg treffen wir auf die Lohackerstraße, in die wir links abbiegen. Wir rollen vorbei am Hellweg-Gymnasium.

Berg- und Talfahrt Wenn die Straße eine Rechtskurve beschreitet, fahren wir weiter geradeaus über die Lohackerstraße. Ein Anstieg bringt uns an die Bahnlinie, zu der wir parallel auf der

Schlossruine Haus Weitmar

Stephanstraße rollen. An der T-Kreuzung biegen wir rechts auf den Radweg neben dem Wattenscheider Hellweg ab. Nach der Ampel halten wir uns links in die Westfälische Straße. Diese bringt uns zur Höntroper Straße, in die wir links abbiegen. Vorbei am S-Bahn-Halt Bochum-Wattenscheid-Höntrop geht die Straße in die Eppendorfer Straße über.

Schlossgeschichten An der abknickenden Vorfahrt geht es links in die Straße Im Kattenhagen. Am Kreisverkehr halten wir uns rechts und an der dritten Ecke links in die Elsa-Brändström-Straße. An der ersten Möglichkeit geht es rechts in die Rathenaustraße. Wir treffen auf die Blumenfeldstraße, überqueren diese und rollen weiter über die Sylvesterstraße. Wenn diese auf eine T-Kreuzung trifft, geht es links in die Nevelstraße. Unmittelbar danach halten wir uns rechts auf den Fuß- und Radweg, der als Schlossstraße ausgeschildert ist. Nun rollen wir durch den Schlosspark Weitmar. Linker Hand ducken sich hinter Bäumen die Ruinen und Überreste des einstigen Adelssitzes Haus Weitmar (12. Jahrhundert).

Über den Springorum-Radweg An der ersten Gabelung im Schlosspark – links liegt hier ein Teich – setzen wir unseren Weg geradeaus fort, um nach dem Überqueren einer Brücke rechts abzubiegen. Die geschotterte Piste bringt uns zum Springorum-Radweg, dem wir geradeaus folgen. Wir treffen

Eisenbahnmuseum Dahlhausen

auf die Straße Am Röderschacht, fahren hier geradeaus auf der Radtrasse weiter. Rechter Hand liegt hier das Restaurant *Im Wunderbau*.

Bergbaugeschichte im Vorbeifahren Entlang des Springorum-Radweges verläuft auch der Bergbauhistorische Pfad, der mithilfe verschiedener Stationen über die Geschichte der Kohleförderung im Bochumer Stadtteil Dahlhausen informiert. Am Kreisverkehr biegen wir links ab in die Dr.-C.-Otto-Straße. An der nächsten Möglichkeit geht es rechts in die Lewackerstraße und dann wieder rechts in die Ruhrmühle. Ein Anstieg bringt uns hier mithilfe einer Brücke über die Bahnlinie, wo wir uns sofort rechts halten. Der geschotterte Weg führt uns in eine weite Auenlandschaft mit der Ruhr zur Linken.

Ruhrgebiet-Erfahrung: Eisenbahnmuseum Bochum-Dahlhausen

Im mit 46.000 qm größten privaten Eisenbahnmuseum Deutschlands (Dr.-C.-Otto-Straße 181, 44879 Bochum, Tel. 0234/49 25 16, www.eisenbahnmuseum-bochum.de, 1. Mrz – 16. Nov: Di–Fr sowie So u. feiertags 10–17, Erwachsene 8 EUR, Kinder 4 EUR) warten 180 historische Fahrzeuge darauf, entdeckt zu werden. Das Museum bietet einen Überblick über die Entwicklung der Dampf-, Diesel- und Elektrotriebfahrzeuge seit 1853. Neben Schienenfahrzeugen rücken vor allem ein 14-ständiger Lokschuppen, eine Drehscheibe, ein Wasserturm, eine Signalsammlung, ein Wasserkran und ein Sandturm in den Fokus der Besucher.

Eisenbahnnostalgie Unmittelbar bevor der Weg auf die Ruhr trifft, halten wir uns rechts und rollen durch den Tunnel. Direkt danach geht es wieder rechts. Wer hier geradeaus fährt, erreicht durch einen weiteren Tunnel nach 350 Metern das Eisenbahnmuseum Bochum-Dahlhausen. Wir biegen jedoch rechts auf die Brücke über die Ruhr ab. Wenn wir auf der anderen Flussseite auf den Uferweg treffen, halten wir uns links Richtung Essen. Wenig später kommt der Schornstein des Wasserkraftwerks Horster Mühle in den Blick. Zuvor passieren wir noch eine Staustufe mit der historischen Horster Schleuse. Wenig später ist auf der anderen Ruhrseite ein Kuriosum zu bestaunen: Dort ermöglicht das *Bauwagenhotel*, in umgebauten Bauwagen zu übernachten. Nächster Blickfang ist die Schwimmbrücke, die hinüber auf die andere Ruhr-Seite zum Stadtteil Horst (und zum *Bauwagenhotel*) führt. Hier liegt unmittelbar am Flussufer das Restaurant *Haus Großjung*.

Kunstvoll gestalteter Strommast

Zahlreiche Hingucker Wir setzen den Weg geradeaus am Ufer der Ruhr fort. Als Blickfänge folgen ein Strommast, der mit bunten Platten zum Kunstwerk stilisiert wurde, ein historisches Stück Treidelpfad mit gepflastertem Untergrund sowie eine Steinbrücke, die zugleich die Einfahrt zum einstigen Holteyer Hafen markiert. Unmittelbar vor Erreichen der nächsten Ruhrbrücke liegt linker Hand das Restaurant *Bootshaus Ruhreck*. Wir rollen unter der Brücke hindurch, um im 180-Grad-Bogen auf die Kurt-Schumacher-Brücke hinauf zu fahren. Wir wechseln auf die andere Ruhrseite und halten uns sofort rechts auf den Fuß- und Radweg am Ufer.

Horster Schleuse

Skulptur am Fuße der Halde Rheinelbe

Steiler Anstieg Nachdem wir unter der Bahnbrücke hindurch sind, halten wir uns an der ersten Gabelung rechts Richtung Bochum-Dahlhausen. Etwa bei Kilometer 18 liegen direkt an der Radtrasse ein Aldi- und ein Lidl-Markt. Wenn wir wieder auf eine Straße treffen, biegen wir links ab in die Horster Straße und an der nächsten Kreuzung links in die Dahlhauser Straße. An der nächsten Möglichkeit geht es rechts in Rademachers Weg. Nach einem steilen Anstieg überqueren wir die Bahnstrecke und halten uns links. An der nächsten Möglichkeit wenden wir uns links in die Straße Kanarienberg. Diese geht in einen Fuß- und Radweg durch eine Grünanlage über.

Häuserblock an Häuserblock An der T-Kreuzung halten wir uns links. Wenn wir auf die Bochumer Landstraße treffen, biegen wir rechts ab und an der nächsten Ampel links in die Freisenbruchstraße. Dieser folgen wir bis zum Ende, halten uns dann links in den Hellweg und an der Schranke sofort rechts, um am Gymnasium An der Wolfskuhle vorbeizurollen. Wir passieren einen Reiterhof und einen Mountainbike-Park und fahren an der T-Kreuzung nach rechts. An der nächsten Kreuzung geht es links und sofort links in die Meistersingerstraße. Kurz darauf geht es rechts in die Hochfeldstaße. Diese bringt uns vorbei an einer wenig beschaulichen Wohnsiedlung sowie zwischen Feldern hindurch zur Rodenseelstraße, in die wir links abbiegen.

Auf zur Halde Rheinelbe Die Rodenseelstraße geht in den Korthover Weg über. Bei Kilometer 24,8 geht es rechts in die Grimbergstraße. Wenn die Straße sich gabelt, halten wir uns links und folgen weiter der Grimbergstraße, bis sie eine starke Linkskurve beschreibt. Hier biegen wir links in den Fuß- und Radweg ab, der s-förmig bergab führt. Direkt vor den Kleingärten fahren wir rechts und sofort wieder links, um unter der Brü-

Ruhrgebiet-Erfahrung: Halde Rheinelbe

Abraumhalden sind stumme Zeugen der Ruhrgebietsgeschichte und erinnern an die Zeiten des Bergbaus. So die 19 ha große und 106 Meter hohe Halde Rheinelbe (www.halden.ruhr/halde-rheinelbe.html) im Gelsenkirchener Stadtteil Ückendorf. An ihrem höchsten Punkt errichtete Künstler Herman Prigann die mit Silberlack besprühte, zehn Meter hohe Skulptur Himmelstreppe. Diese besteht aus Betonblöcken der Kokerei Königsborn, die als Treppe aufgestapelt wurden.

cke hindurchzurollen und nach rechts auf den Radweg abzubiegen. Ihm folgen wir für gut 2,7 Kilometer bis zum Fuße der Halde Rheinelbe, wo uns eine Skulptur begrüßt.

Himmelstreppe auf der Halde Rheinelbe

Himmlische Ausblicke von der Himmelstreppe Wir nehmen den rechten der beiden Wege, um die Halde hinaufzufahren und einen Blick auf die Skulptur Himmelstreppe zu werfen. Nach einem Rundblick vom Sockel des Kunstwerks auf Wattenscheid, Essen, Gelsenkirchen und Recklinghausen geht es wieder die Halde hinunter. Am Fuße der Halde halten wir uns vor der Skulptur auf den linken Weg, um die Halde in einem Halbkreis zu umrunden. An der Gabelung rollen wir geradeaus über die Brücke mit den Bögen und vorbei am Trainingsgelände des TV Wattenscheid und dem Lohrheidestadion.

Endspurt zum Ausgangspunkt Wenn wir auf die Lohrheidestraße treffen, überqueren wir sie geradeaus und folgen dem gegenüberliegenden Fuß- und Radweg. Wir rollen durch eine Grünanlage auf den Förderturm der ehemaligen Zeche Holland zu und biegen vor dem Erreichen des Zechengeländes nach einem Gewerbebetrieb rechts ab. Wir rollen geradeaus, überqueren die Josef-Haumann-Straße und halten uns am Wasserband links. Nach der Staumauer fahren wir rechts und kommen zur Weststraße, in die wir links abbiegen. An der Ampel überqueren wir die Lyrenstraße, um unmittelbar vor der Propsteikirche St. Gertrud von Brabant rechts in die Römereigasse abzubiegen. Dies bringt uns zur Straße An der Papenburg, in die wir rechts abbiegen. An der nächsten Möglichkeit geht es rechts in die Propst-Hellmich-Promenade. An deren Ende fahren wir rechts in die Bahnhofstraße. Nachdem wir die A40 unterquert haben, biegen wir rechts in die Fritz-Reuter-Straße ab und kommen wieder zum Ausgangspunkt am Bahnhof Wattenscheid.

Guten Appetit

Radfahrer, Spaziergänger und Wassersportler geben sich insbesondere an den Wochenenden im *Haus Großjung* (In der Lake 20, 45279 Essen, Tel. 0201/54 18 59) die Klinke in die Hand. Das Restaurant in einem Fachwerkhaus aus dem Jahr 1761 hält einen von Linden beschatteten Biergarten vor.

10 Stadt, Land, Fluss

Essens und Mülheims schönste Seiten

leicht | 24,5 km | 78 Hm | 2.00 Std.

Highlight: Schloss Hugenpoet

Ausgangspunkt
Hauptbahnhof Essen

Endpunkt
S-Bahn-Halt Essen-Kettwig-Stausee

GPS
51.451389, 7.013889

Anfahrt
Der Hauptbahnhof Essen ist an das ICE-Netz angeschlossen und zudem Halt zahlreicher Regional- und S-Bahnlinien.

Tourencharakter
Der Großteil der Route führt über gut ausgebaute Radwege, Teile davon verlaufen auf der neuen „Radautobahn", die quer durch das Ruhrgebiet angelegt wird. Ohne nennenswerte Steigungen ist die Tour für Familien bestens geeignet.

Informationen
www.visitessen.de
www.essenerfahren.de
www.muelheim-tourismus.de

Die Tour verbindet vieles von dem, was den Charme von Essen und Mülheim an der Ruhr ausmacht: die pulsierende Innenstadt, ehemalige Industrieareale, die Weite und Natur des Ruhrtals sowie Schlossgeschichte(n) und dörfliches Flair.

Quer durch Downtown Essen Der Startpunkt liegt gegenüber dem Haupteingang des Essener Hauptbahnhofs am Eingang der Fußgängerzone, der Kettwiger Straße. Wir rollen auf das Modegeschäft Ansons zu. Nachdem wir den Willy-Brandt-Platz überquert haben, geht es auf der Rathenaustraße Richtung Theaterpassage. Nach rund 270 Metern Fahrstrecke kommen wir zum Theaterplatz. Hier liegt linker Hand das 1892 eröffnete Grillo-Theater. Wir folgen der Kurve halb um das Theater herum, um an der übernächsten Straße mit dem ungewöhnlichen Namen „I. Hagen" rechts abzubiegen. An der nächsten Möglichkeit biegen wir am Motel One links ab. Und

Radfahrer am Krupp-Park

an der darauffolgenden Ecke halten wir uns rechts und kommen zum Kennedyplatz.

Pop-Art im Gotteshaus Wir rollen am Rand des Kennedyplatzes entlang und fahren geradeaus über die Straße Schwarze Horn. Wir kreuzen mit der Limbecker Straße einen Teil der Fußgängerzone. Wir kommen zum Gänsemarkt und fahren weiter über die I. Weberstraße. An der nächsten Ecke liegt die Kreuzeskirche mit Fenstern des Pop-Art-Künstlers James Rizzi. Wir überqueren die Kreuzeskirchstraße und fahren weiter auf dem Fuß- und Radweg. Als Nächstes überqueren wir die Kastanienallee und folgen einem Stück der Turmstraße. An der Kreuzung überqueren wir die Friedrich-Ebert-Straße geradeaus und rollen auf das Ufer eines künstlich angelegten Gewässers zu. Hier halten wir uns links. Am ersten großen Übergang, also noch vor dem Spielplatz, fahren wir rechts. Rechter Hand liegt hier das *Café La Luna*.

Rizzi-Fenster in der Kreuzeskirche

Trassen-Radeln Wir rollen geradeaus auf den Komplex der Universität Duisburg-Essen zu. Unmittelbar vor dem Parkplatz fahren wir links auf den Radweg. Zwischen Wohnhäusern und der Universität rollen wir über den Radweg auf der ehe-

Krupp-See und Förderturm der ehemaligen Zeche Helene & Amalie

maligen Trasse der Rheinischen Bahn. Wir überqueren die Brücke Segerothstraße und passieren das Möbelhaus Kröger. Mithilfe einer Brücke überqueren wir die Hans-Böckler-Straße. Linker Hand kommt der futuristische Bau der Krupp-Verwaltung in den Blick, kurz darauf rechter Hand der Förderturm der ehemaligen Zeche Helene & Amalie. Mithilfe einer Ampel überqueren wir den Berthold-Beitz-Boulevard. Danach fahren wir links und sofort rechts durch den Tunnel in den 23 Hektar großen Krupp-Park.

Perspektivwechsel dank Landschaftsfenstern Wir kommen an den Krupp-See und fahren an der ersten Gabelung rechts die Rampe hoch. Nach einer Brücke mit roten Bögen ist der Stadtteil Altendorf erreicht, wenig später mit dem Niederfeldsee das nächste künstlich angelegte Gewässer. Hier finden sich Landschaftsfenster, die besondere Blickwinkel auf den 2,2 Hektar großen See eröffnen. Wir überqueren die Brücke über den Niederfeldsee und fahren geradeaus. Wenn die Trasse sich gabelt, halten wir uns links und fahren weiter auf der Fahrradautobahn Richtung Mülheim. Nachdem wir den dortigen Bahnhof passiert haben, fahren wir bei Kilometer 12,25 rechts die Rampe hinunter, die direkt zum Eingang des Hauptbahnhofs führt. Wir biegen am Ende der Rampe um 180 Grad

Fachwerkcharme an der Ruhr in Mülheim

nach links ab und fahren die Max-Kölges-Straße entlang. Wenn die Straße sich gabelt, halten wir uns vor einem Kfz-Meisterbetrieb links. An der nächsten Möglichkeit biegen wir links ab und vor der Brücke rechts auf den Radweg.

Stadthalle in Mülheim

Ruhrinsel am Wasserbahnhof Mit einem aufgestelzten Bahn-Bauwerk zur Linken fahren wir geradeaus. Auch die nächste Ampel überqueren wir geradeaus. Linker Hand ist durch die Brücke hindurch das historische Rathaus zu erkennen. Am Ende der Straße treffen wir auf die Ruhr. Hier biegen wir links auf den Fuß- und Radweg ab. Wenig später findet sich links mit der *Hafenbar* eine Einkehrmöglichkeit. An der gegenüber liegenden Uferseite kommen das ehemalige Bundesgartenschau-Gelände sowie die Stadthalle in den Blick. Es geht u-förmig um ein Hafenbecken herum. Nach einem Spielplatz ist links das *Café Plati* erreicht. Unmittelbar danach geht es rechts über die Brücke. Unmittelbar vor dem Ruhrufer halten wir uns links und fahren auf den *Wasserbahnhof* zu.

Durch die Ruhraue Am Wasserkraftwerk Kahlenberg biegen wir rechts ab. Direkt nach dem Wasserwerk biegen wir links ab auf den Ruhrinselweg. Wenn links eine Brücke abzweigt, fahren wir weiter geradeaus. Hier müssen wir ob der Enge des Weges ein Stück schieben, bis wir auf der anderen Seite der Ruhr sind. Der Weg führt uns dann am Ufer entlang durch die Saarn-Mendener-Ruhraue. An der folgenden Gabelung halten wir uns links, um weiter am Ufer entlangzurollen.

Kleine Rüttelpartie Wenn sich der Weg vor einer Brücke gabelt, biegen wir links ab. Nach der Brücke führt ein kurzer Anstieg auf einen Damm. Nun rollen wir zwischen Feldern und Wiesen auf Kettwig zu. Vor uns erscheint im Blickfeld die Autobahnbrücke der A52, die das Ruhrtal weithin sichtbar überspannt. An der ersten Wegekreuzung biegen wir rechts ab. Wir treffen auf eine Straße, die wir überqueren, um weiter zwischen Feldern und Wiesen hindurch zu radeln. Wenn wir

Guten Appetit

Er ist das Ausflugsziel der Mülheimer: Der Wasserbahnhof auf der Schleuseninsel. Das Restaurant *Frankys* (Alte Schleuse 1, 45468 Mülheim an der Ruhr, Tel. 0208/38 82 963) ist besonders zur Biergartensaison ein beliebter Treff von Ausflüglern.

Schloss Hugenpoet

wieder auf eine Straße treffen, halten wir uns rechts. Hier liegt auch das Gelände eines Reiterhofes. An der nächsten Möglichkeit geht es links vorbei an den Stallungen und an der nächsten Möglichkeit sofort rechts.

Schloss in Sicht An der nun folgenden T-Kreuzung halten wir uns links. Nun geht es unter der Autobahnbrücke hindurch. Wir rollen ein Stück über die Mintarder Dorfstraße mit ihren schmucken Fachwerkhäusern. Nach der Pfarrkirche St. Laurentius treffen wir auf die August-Thyssen-Straße und überqueren sie geradeaus. Vorbei an einem Fußballplatz geht der Weg wei-

Ruhrgebiet-Erfahrung: Schloss Hugenpoet

Erstmals erwähnt wurde der Standort des Wasserschlosses im Jahr 778 als königliches Hofgut Karls des Großen. Vor etwa einem halben Jahrhundert ist es zum Hotel umgebaut worden. Inzwischen ein Fünf-Sterne-Superior-Hotel, gehört *Hugenpoet* (August-Thyssen-Straße 51, 45129 Essen, Tel. 02054/120 40, www.hugenpoet.de) zu den „Leading Small Hotels of the World". Ein Besuch lohnt allein wegen der hervorragenden Gastronomie. Der Name Hugenpoet ist von „Hugen", was „Kröten" bedeutet, und „poet", was für „Pfütze" steht, abgeleitet. Somit verweist die Krötenpfütze auf die ehemals sumpfigen Auenlandschaften des Ruhrtals.

ter durch Felder und Wiesen. Während wir weiter geradeaus strampeln, besteht bei Kilometer 22,4 die Möglichkeit, rechts abzubiegen, um zu Schloss Hugenpoet zu gelangen, das in knapp 300 Metern Entfernung liegt.

Seeblick vom Sattel aus Kurz darauf ist der Kettwiger Stadtteil Vor der Brücke erreicht. Wir folgen dem Verlauf der Mintarder Straße. An der ersten Kreuzung fahren wir geradeaus über die Landsberger Straße. An der nächsten Möglichkeit geht es links in die Straße Zur alten Fähre, hier liegt auch das Restaurant *La Cueva*. Die Straße bringt uns direkt ans Ufer der Ruhr. Links liegt das Restaurant *Alte Fähre*. Wir biegen rechts ab und vor uns liegt das Wehr des 5,2 Kilometer langen Kettwiger Stausees.

Endspurt Am Kreisverkehr halten wir uns links und fahren unter der Brücke am Stauwehr entlang. Wenn die Straße Zur alten Fähre zur Werdener Straße wird, biegen wir links ab. An der nächsten Möglichkeit biegen wir rechts ab. Wir kommen zum S-Bahn-Halt Essen-Kettwig-Stausee, wo die Tour endet.

Pfarrkirche St. Laurentius in Mintard

Kettwiger Stausee

11

leicht | 8,3 km | 52 Hm | 0.45 Std.

Highlight: Museum Quadrat

Ausgangs- und Endpunkt
Bahnhof Bottrop

GPS
51.509444, 6.936667

Anfahrt
Der Bahnhof Bottrop wird von einer Reihe von Regional- und S-Bahnen angesteuert.

Tourencharakter
Vornehmlich über ruhige Nebenstraßen und einige gut ausgebaute Fahrradwege verfügt die schnelle Runde kaum über nennenswerte Steigungen.

Streckenführung
Ausgeschildert ist die Strecke mit einem stilisierten Radfahrer, dessen Körper in einem Quadrat integriert ist. Das Symbol ist ca. alle 500 Meter auf der Straße aufgesprüht.

Service
Direkt am Bahnhof Bottrop befindet sich eine Radstation. Tel. 02041/765 99 58, Mo–Fr 6–22, Sa, So u. feiertags 8–20

Informationen
www.bottrop.de
http://radquadrat-bottrop.de

Kunstgenuss im Quadrat

Bottrop zwischen Albers und Blütenpracht

Der 2018 eröffnete Rundkurs RadQuadrat erweist sich im wahrsten Sinne des Wortes als ausgezeichnet. Noch vor der Eröffnung wurde dem Projekt der Deutsche Fahrradpreis in Bronze zugesprochen.

Immer dem RadQuadrat nach Wenn wir aus dem Bahnhof kommen, biegen wir sofort rechts ab in die Straße Am Hauptbahnhof, die in die Bahnhofstraße übergeht. An der ersten Ampel biegen wir links ab in die Friedrich-Ebert-Straße. Wenn wir auf eine große Straße (dies ist ebenfalls die Friedrich-Ebert-Straße) treffen, biegen wir rechts ab in die Hardenbergstraße. Wir überqueren die Wortmannstraße und biegen rechts in die Kellermannstraße ab. An der nächsten Möglichkeit geht es links in die Waterkampstraße. Hier befindet sich auch ein Netto. Wir überqueren die Prosperstraße und setzen den Weg geradeaus fort über den Mönchenort. An der nächsten Möglichkeit wenden wir uns nach links in die Straße Im Beckedal. An der

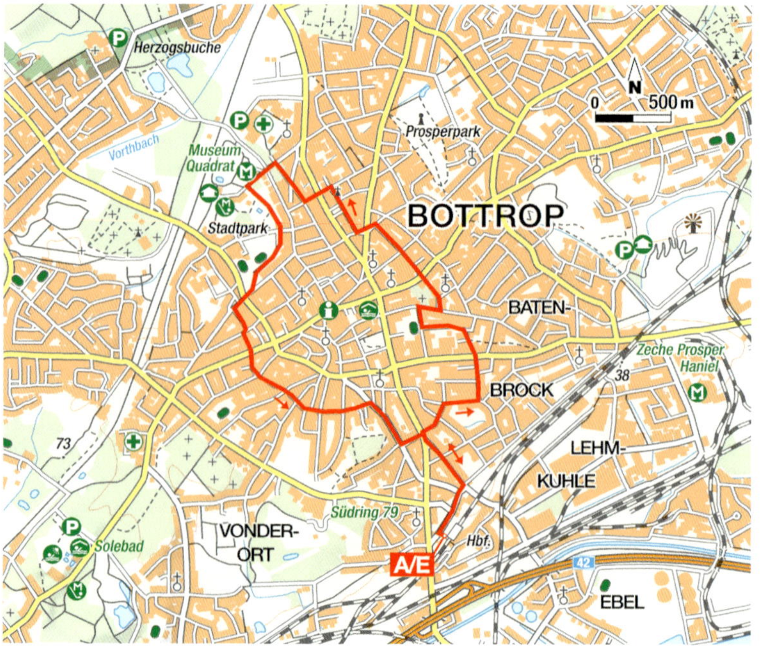

Alte Arbeiterhäuser in Bottrop

T-Kreuzung vor einem Sportplatz geht es rechts in die Straße Auf der Bette.

Bergarbeiter-Charme Weiter geht es rechts in die von alten Arbeiterhäusern gesäumte Paßstraße. An der ersten Möglichkeit geht es links in die Fröbelstraße und wenig später links auf den Fuß- und Radweg. An der Horster Straße biegen wir links ab und sofort rechts in die Wiggermannstraße. Wir überqueren die Scharnhölzstraße und folgen der Straße Am Eickholtshof. An der T-Kreuzung geht es links in die Pestalozzistraße. Wir überqueren die Gladbecker Straße, um den Weg über die Lützowstraße fortzusetzen und an der nächsten Ecke in die Straße An der Berufsschule abzubiegen. Unmittelbar bevor wir auf eine Sackgasse treffen, biegen wir links ab in die Eichenstraße und rollen Richtung Ampel, um die Hans-Sachs-Straße zu überqueren. Anschließend biegen wir rechts in die Gerichtsstraße ab. An der ersten Möglichkeit biegen wir links ab und sofort rechts, um der Virchowstraße zu folgen.

Museumgenuss in Sicht An der nächsten Möglichkeit halten wir uns links in die Straße Im Stadtgarten, rollen über die

Guten Appetit

Nach dem Besuch des Museums Quadrat bietet sich der Stadtgarten, der 1921 im Stil eines englischen Landschaftsgartens angelegt wurde, für ein Picknick an. Vor allem die Wiesen rund um den Teich mit den beeindruckenden Wasserfontänen laden zu einer Pause ein.

Stadtgarten in Bottrop

Randebrockstraße geradeaus hinüber und kommen zum Museum Quadrat. Vor dem Museum sorgen Kunstwerke für Blickfänge. Nach dem Museum biegen wir vor einem Tennisplatz links in den Fuß- und Radweg ab. Dieser führt uns nun durch den Stadtgarten. Durch ein Torhaus aus dem Jahre 1923 geht es wieder hinaus aus dem Stadtgarten. Wir überqueren die Parkstraße und folgen weiter dem Fuß- und Radweg vorbei am Hallenbad und dem Jahnstadion. Eine Rampe bringt uns hinaus aus dem Park. Wir treffen auf die Hans-Böckler-Straße, die wir mithilfe der Ampel geradeaus überqueren, um weiter dem Fuß- und Radweg zu folgen. Der Radweg endet an der Straße Am Lamperfeld. Hier biegen wir rechts ab und sofort wieder links

Ruhrgebiet-Erfahrung: Museum Quadrat

Wer durch den Park mit den Skulpturen von Donald Judd, Hans Steinbrenner, Hermann Glöckner und anderen streift und den Blick auf das Museum Quadrat (Im Stadtgarten 20, 46236 Bottrop, Tel. 02041/297 16, www.quadrat-bottrop.de, Di–Sa 11–17, So 10–17) genießt, möchte am liebsten weiter hier herumstreifen. Wer drin ist und einen Blick auf die Kunstwerke von Josef Albers wirft, möchte gar nicht wieder rausgehen. 1888 in Bottrop geboren, verschrieb sich der Bauhaus-Meister ganz und gar dem Thema Farbe. Seine berühmtesten Werke, die in der Serie „Hommage to the Square“ entstanden, zeigen ineinander geschachtelte Quadrate. Die Form bleibt dabei stets die gleiche, nur die Farben variieren.

in die Straße Am Luggesmühle. An deren Ende treffen wir auf die Sterkrader Straße. Wir halten uns rechts, um dann links in die Straße Am Spengelsberg abzubiegen.

Zeppelinstraße mit kuriosem Verlauf Wenn wir auf die Osterfelder Straße treffen, biegen wir rechts ab und an der nächsten Möglichkeit am Fußgängerüberweg links in den Fuß- und Radweg. Wenn wir auf die Zeppelinstraße treffen, biegen wir links ab. An der nächsten Ecke geht es links und sofort rechts, um weiter der Zeppelinstraße zu folgen. Wenn wir auf die Neustraße treffen, halten wir uns links und wieder rechts in die Zeppelinstraße. Wir überqueren die Hünefeld-, Berg- und Bogenstraße geradeaus, um an der T-Kreuzung rechts in die Essener Straße abzubiegen. Unmittelbar vor der Ampel geht es links in die Hardenbergstraße. Wir treffen auf die Friedrich-Ebert-Straße, die wir überqueren, um rechts in die Straße (heißt ebenfalls Friedrich-Ebert-Straße), die links von einer ausgemusterten Seilscheibe verläuft, abzubiegen. An der Ampel halten wir uns rechts und biegen in die Bahnhofstraße ab. Diese geht über in die Straße Am Hauptbahnhof. Wenig später ist der Bottroper Bahnhof und damit der Ausgangspunkt erreicht.

Seilscheibe an der Friedrich-Ebert-Straße

Kunstwerk am Bottroper Quadrat

12 Ruhr-Genuss pur

Von Hattingen nach Essen-Werden

leicht | 31 km | 75 Hm | 1.45 Std.

Highlight:
Geologische Wand
Kampmannsbrücke

Ausgangspunkt
S-Bahn-Halt Hattingen/Ruhr

Endpunkt
S-Bahn-Halt Essen-Werden

GPS
51.400000, 7.173056

Anfahrt
Der Bahnhof Hattingen/Ruhr wird von der S-Bahnlinie 3, die Oberhausen, Mülheim an der Ruhr und Essen mit Hattingen verbindet, angefahren.

Tourencharakter
Mit wenigen Unterbrechungen führt die malerische Route immer an der Ruhr beziehungsweise am Baldeneysee entlang.

Informationen
www.visitessen.de
www.essenerfahren.de
www.hattingen.de
www.ruhr-tourismus.de

Schöner lässt sich die Flusslandschaft der Ruhr wohl kaum erfahren. Von Hattingen folgt die Route dem gut ausgebauten Leinpfad durch weite Auen am Flussufer.

Spektakuläre Staustufe Startpunkt ist der S-Bahn-Halt Hattingen/Ruhr. Wir verlassen den Bahnsteig und halten uns rechts, um die steile Bahnhofstraße hinaufzufahren. An der Ampel biegen wir links ab in die Bochumer Straße (L651). Vor der Ruhrbrücke geht es rechts auf den Weg, der ans Flussufer führt. Dazu halten wir uns an der ersten Möglichkeit rechts und kurz darauf wieder links, wo uns die Ruhr mit einer Staustufe begrüßt. Wir folgen dem Fuß- und Radweg am Ufer der Ruhr entlang. Wenn wir bei Kilometer 3,7 auf ein Stück historischen Treidelpfad treffen, verlassen wir das Ruhr-Ufer und fahren links eine Rampe hinauf. Oben angekommen, biegen wir rechts ab, um für knapp 300 Meter der Isenbergstraße zu folgen.

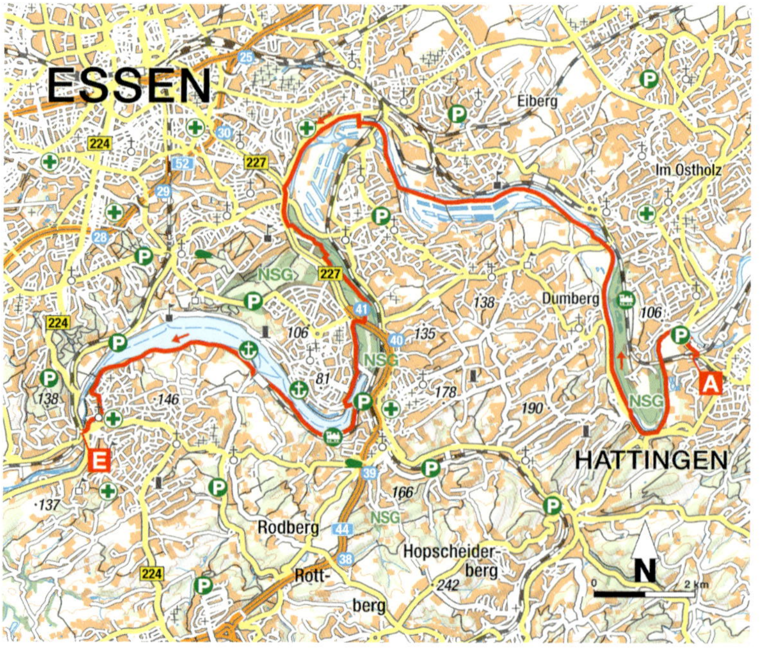

Staustufe an der Ruhr in Hattingen

Schließlich schwenkt der Weg wieder zurück an das Ruhr-Ufer, wo wir unsere Tour auf dem Leinpfad fortsetzen.

Abstecher für Bahnliebhaber Während wir uns Bochum-Dahlhausen nähern, wird die Ruhr breiter. Etwa bei Kilometer 6,6 liegt linker Hand die *Leinpfadoase*, die zu einer Stärkung einlädt. Nach 7,5 Kilometern liegt vor uns die Dahlhauser Schwimmbrücke. Hier verlassen wir den Uferweg, rollen eine Rampe hinauf, um danach weiter dem Leinpfad zu folgen. Vor einem Betriebsgelände an der nun folgenden Schleuse schwenkt der Weg in U-Form um das Betriebsareal herum und wieder zurück ans Ruhr-Ufer. Etwa bei Kilometer 9,7 besteht die Möglichkeit, links auf eine Brücke abzubiegen, um auf die andere Ruhr-Seite zu gelangen, wo in 400 Metern Entfernung das Eisenbahnmuseum Dahlhausen erreicht ist.

Markante Landmarken Während wir dem Uferweg folgen, erscheint vor uns der Schornstein der Horster Mühle. Bei Kilometer 10,4 ist die Horster Schleuse erreicht, kurz darauf liegt am gegenüberliegenden Ufer das Wasserkraftwerk Horster Mühle. Bei Kilometer 11,5 rollen wir unter der Hors-

Guten Appetit

Der Platz vor Haus Scheppen ist ein beliebter Motorradtreff. Bis zu 20.000 Biker kommen an warmen Tagen hierher. Die meisten setzen sich in den Biergarten des Biker-Treffs (Hardenbergufer 389, 45239 Essen, Tel. 0201/40 50 59), um zu klönen und sich mit Speisen und Getränken zu stärken.

Fachwerkbrücke in Essen-Bergerhausen

ter Schwimmbrücke hindurch. Vor uns erscheint ein mit bunten Platten zum Kunstwerk stilisierter Strommast. Unmittelbar danach geht es ein Stück über den historischen Leinpfad und über eine buckelige Brücke, die die Einfahrt zum historischen Holteyer Hafen markiert. Nachdem wir unter einer weiteren Ruhrbrücke hindurchgeradelt sind, beschreibt der Weg eine 180-Grad-Kurve und bringt uns hinauf auf die Kurt-Schumacher-Brücke. Nach dem Parkplatz auf der anderen Uferseite biegen wir links ab, um weiter dem Rad- und Fußweg zu folgen. Wir überqueren zwei historische Fachwerkbrücken und passieren die *Finca & Bar Celona*. Hier gibt es auch eine E-Bike-Ladestation.

Durch die Heisinger Ruhr-Aue Unmittelbar vor der nun folgenden Brücke biegen wir links ab Richtung Baldeneysee. Wir rollen über die Zornige Ameise vorbei am Restaurant Drago.

Ruhrgebiet-Erfahrung: Geologische Wand Kampmannbrücke

Wer ein Kohleflöz aus nächster Nähe sehen möchte, dem sei die Geologische Wand Kampmannbrücke (www.ruhrmuseum.de/aussenstellen/geologischer-wanderweg) im Essener Stadtteil Heisingen empfohlen. Hier ist das „Schwarze Gold" zum Greifen nah. In der Wand sind zwei Stollenmundlöcher der Zechen Wasserschneppe und Voßhegge restauriert worden. Die Wand ist Startpunkt eines 10 km langen geologischen Wanderweges. Rund 300 Millionen Jahre alt sind Teile der Felswände und Steinbrüche entlang der Route.

Nach einem Anstieg halten wir uns links, um an der Ampel die Frankenstraße an der Konrad-Adenauer-Brücke zu überqueren. Anschließend schwenken wir links auf den Fuß- und Radweg durch das Naturschutzgebiet Heisinger Ruhr-Aue. Bei Kilometer 19,6 ist das Restaurant *Fährhaus Rote Mühle* erreicht. Unmittelbar davor verlassen wir den Uferweg und folgen der Straße nach rechts.

Kreiselkipper an der Geologischen Wand Kampmannbrücke

See-Erfahrung Die Rotemühle bringt uns an die Wuppertaler Straße, wo wir links in den Radweg abbiegen. Wenn dieser endet, rollen wir ein kurzes Stück weiter über die Wuppertaler Straße und biegen rechts ab in den Stauseebogen. Rechter Hand liegt die Geologische Wand Kampmannbrücke. Unmittelbar bevor die Straße ansteigt, halten wir uns links und folgen weiter dem Stauseebogen. Wenn dieser in einen Fuß- und Radweg übergeht, halten wir uns an der nächsten Möglichkeit sofort links. An der nächsten Kreuzung fahren wir links, um auf die Brücke über den Baldeneysee zu gelangen. Auf der anderen Seite geht es zweimal links, und wir sind auf dem Uferweg. Wer hier knapp 100 Meter geradeaus rollt, kommt zum Haltepunkt der Hespertalbahn.

Tummelplatz der Motorradfreaks Bei Kilometer 25,5 schwenkt der Weg am Segelhafen am Haus Scheppen nach links und bringt uns zur Straße Pörtingsiepen, in die wir rechts abbiegen. Rund um das Haus Scheppen, einem ehemaligen Lehnshof der Abtei Werden, dessen Geschichte bis ins 13. Jahrhundert zurückreicht, befindet sich ein beliebter Biker-Treff. Wir folgen dem Hardenbergufer. Bei Kilometer 28,5 gibt es linker Hand einen Fahrradverleih mit kleiner Werkstatt. Wir rollen vorbei am Stauwehr des Baldeneysees und halten uns links, um der Straße Neukircher Mühle zu folgen. Wir biegen links in die Ludgerusstraße ab. Am Rondell, einem Kreisverkehr mit Statue von Kaiser Friedrich III., biegen wir rechts ab in die Forstmannstraße, die wenig später in die Propsteistraße übergeht. Schließlich geht es rechts in eine Straße namens Haus Fuhr und wir folgen dem Weg talwärts. Wir treffen auf die Heckstraße, überqueren diese und rollen über die Grafenstraße. Wenn wir an der T-Kreuzung auf die Körholzstraße treffen, biegen wir links ab und an der nächsten Ecke rechts in die Brückstraße. Wir folgen dieser über die Ruhrbrücke hinüber und rollen direkt auf den S-Bahn-Halt Essen-Werden zu, wo die Tour endet.

13

Rund um Herne

Landpartie mit Zechenkult

mittel 17,8 km 135 Hm 1.30 Std.

Highlight: Mont-Cenis-Akademie

Ausgangs- und Endpunkt
U-Bahn-Haltestelle Archäologisches Museum/Kreuzkirche in Herne

GPS
51.535833, 7.226389

Anfahrt
Mit der U 35 von Herne Bahnhof oder Bochum Hauptbahnhof

Tourencharakter
Schöne Mischung aus Stadtradeln und Landpartien; überwiegend auf Radwegen und schwach frequentierten Nebenstraßen.

Informationen
www.herne.de
www.stadtmarketing-herne.de/herne-entdecken
www.ruhr-tourismus.de

Vom Rand der Fußgängerzone führt die Tour vorbei an Zeugen der Bergbaugeschichte und über weite Strecken durch Felder, Wiesen sowie schattige Wälder.

Musealer Auftakt Startpunkt ist an der U-Bahn-Haltestelle Archäologisches Museum/Kreuzkirche. Mit dem Museum und der Kirche im Rücken biegen wir an der Ampel links ab und folgen dem Radweg entlang der Holsterhauser Straße, die schließlich in die Sodinger Straße übergeht. An der Kreuzung am Hölkeskampring biegen wir links ab und sofort rechts auf den Fuß- und Radweg. Wir folgen dem geschotterten Weg durch eine Grünanlage. Wir queren an der Ampel die Mont-Cenis-Straße, rollen geradeaus auf dem Fuß- und Radweg und überqueren die Straße Im Uhlenbruch, um sofort halb rechts in den Fuß- und Radweg abzubiegen. An der ersten Gabelung halten wir uns rechts und rollen durch ein Waldstück. Wenn

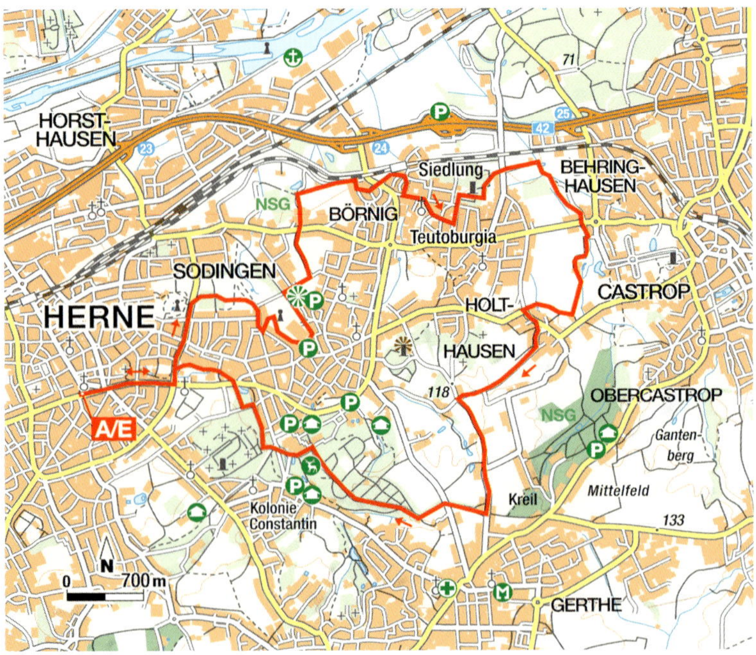

Mont-Cenis-Akademie

wir auf eine Kreuzung treffen, setzen wir unseren Weg geradeaus fort. An der T-Kreuzung wenden wir uns nach rechts. Wir kommen zur Kantstraße, in die wir rechts abbiegen. An der nächsten Gabelung geht es links und kurz darauf links in den Fuß- und Radweg in die Grünanlage.

Trümmerfeld und Zechenpracht Wir folgen der geschotterten Piste im Zickzack bergan. Wenn wir auf eine Allee treffen, biegen wir rechts ab. Vor uns liegt das Trümmerfeld der ehemali-

Links: Trümmerfeld der ehemaligen Zeche Mont Cenis

Rechts: Kreuzkirche in Herne

Allee an der Mont-Cenis-Akademie

gen Zeche Mont Cenis. Wir folgen dem Weg im Bogen um das verglaste Gebäude der Mont-Cenis-Akademie (www.akademie-mont-cenis.de) herum. Bauliche Besonderheit der Bildungseinrichtung sind 56 Fichtenstämme, die eine 180 Meter lange und 75 Meter breite Glashülle stützen, deren Inneres über die weltweit größte in ein Dach integrierte Sonnenstromanlage verfügt. Wenn der Weg sich gabelt, folgen wir weiter der Allee – nun mit dem Trümmerfeld zur Linken. Wenn rechts ein Weg abzweigt, folgen wir ihm bergab durch ein Tor und biegen rechts ab in die Kantstraße. Diese geht in einen Fuß- und Radweg über.

Landpartie zur Arbeitersiedlung Am ersten Abzweig halten wir uns links und rollen durch ein Landschaftsschutzgebiet am Rande von Feldern entlang. Die Castroper Straße überqueren wir und folgen der Straße Voßnacken. Am Ende der Straße geht es an einer Schranke vorbei in ein Waldstück. An der ersten Möglichkeit halten wir uns rechts. Wir folgen der Straße vorbei am Fußballplatz sowie an Schrebergärten. Wenn die Straße sich gabelt, halten wir uns rechts in die Dorfstraße. An der nächsten Ecke geht

Guten Appetit

Die Lage direkt an der Route ist perfekt. Das Steakhaus *Alte Mühle* (Schadeburgstr. 111, 44627 Herne, Tel. 02323/597 54 48) bietet nicht nur Steak-Varianten an. Es kommen auch Grillspezialitäten, Schnitzel, Lammgerichte oder internationale Speisen wie Satarasch auf den Tisch.

Siedlung Teutoburgia in Herne

es links und wir folgen der Dorfstraße vorbei an Arbeiterhäusern. An der T-Kreuzung biegen wir rechts ab. Hier liegt linker Hand das Steakhaus *Alte Mühle*. An der nächsten Möglichkeit biegen wir links ab, überqueren die Sodingstraße und setzen den Weg entlang der Berkelstraße fort.

Vorzeigesiedlung Teutoburgia An der nun folgenden Ecke biegen wir rechts ab in die Straße Im Stückenbruch, um an der nächsten Gabelung sofort wieder links zu fahren. An der T-Kreuzung geht es links in die Schadeburgstraße. Linker Hand liegt ein Fußballplatz, dessen Eingang in Anlehnung an den Straßennamen wie ein Burgtor gestaltet ist. An der zweiten Möglichkeit biegen wir rechts ab in die Schreberstraße mit den Arbeiterhäusern der Siedlung Teutoburgia. Die Zechensiedlung mit ihren 140 Gebäuden wurde zwischen 1909 und 1923 auf einem 22 Hektar großen Areal unweit der 1925 stillgelegten Zeche Teutoburgia errichtet und gilt als herausragende industriekulturelle Zeugin der Bergbauhistorie.

Förderturm-Kulisse Wenn wir auf eine Kreuzung treffen, biegen wir links ab in die Baarestraße. Wir überqueren die Schadeburgstraße und setzen unseren Weg auf dem Fuß- und Radweg durch den Park fort. An der ersten Kreuzung in der Grünanlage halten wir uns rechts. Wenig später sind der Förderturm sowie die Maschinenhalle der ehemaligen Zeche Teutoburgia erreicht. Ein schmaler Durchgang bringt uns auf einen

Förderturm der Zeche Teutoburgia

Weg. Hier biegen wir zunächst rechts und dann wieder links ab. An der nun folgenden T-Kreuzung wenden wir uns nach links, an der darauffolgenden T-Kreuzung nach rechts. Wir treffen wieder auf eine Straße, überqueren sie und rollen zwischen Feldern weiter geradeaus. Wenn der Weg sich gabelt, halten wir uns rechts. Wenig später erscheint ein weiterer Förderturm im Blick.

Landpartie mit Steigungen Wenn wir wieder auf eine Straße treffen, halten wir uns rechts und biegen sofort links auf den Fuß- und Radweg ab. Schließlich gelangen wir an eine Straße.

Herner Blumenfeld

Hier halten wir uns rechts, um zwischen Pferdekoppeln und Feldern die Landpartie fortzusetzen. Etwa bei Kilometer 9,9 biegen wir zwischen den Feldern rechts in einen Weg ab. Wir gelangen an eine Straße, in die wir links einbiegen. An der nun folgenden Ecke geht es rechts in die Lange Straße. Auch an der ersten Gabelung halten wir uns rechts und folgen weiter der Lange Straße. Nach einem Anstieg ignorieren wir den ersten Abzweig nach links. An der Kreuzung biegen wir links ab in die Oestrichstraße. Bei Kilometer 12,85 biegen wir etwa auf Höhe des Hauses Nummer 40 rechts ab in einen Weg neben dem Feld. Wir überqueren die nun folgende Straße, um weiter auf dem geschotterten Pfad am Rand der Felder zu rollen.

Hernes grüne Lunge Schließlich geht es in den Gysenberger Wald. Vor einer Treppe im mehr als 30 Hektar großen Gysenberg Park geht es nach links. Am Teich halten wir uns links und sofort rechts. Wenn wir auf eine Straße treffen, fahren wir rechts und sofort nach der Brücke links. Wenn wir auf eine Straße treffen, halten wir uns links, um mithilfe einer Brücke über einen Bach zu rollen. An der nächsten Möglichkeit geht es rechts auf einen Fuß- und Radweg. Unmittelbar vor dem Ufer des Teichs halten wir uns links. Mithilfe der Ampel überqueren wir die Sodinger Straße und folgen dem Fuß- und Radweg geradeaus. Es geht am Rand des Ostbachs entlang. Kurz bevor wir wieder auf eine Straße treffen, biegen wir links ab in den Fuß- und Radweg. An der beampelten Kreuzung biegen wir rechts ab und folgen der Sodinger Straße, die in die Holsterhauser Straße übergeht und uns zurück zum Ausgangspunkt am U-Bahn-Halt Archäologie-Museum/Kreuzkirche bringt.

Ruhrgebiet-Erfahrung: LWL-Museum für Archäologie

Eigentlich ist es nicht nett, zu behaupten, ein Museum sei unterirdisch. Erst recht nicht, wenn außerdem salopp daher gesagt wird, dort lägen lauter Knochen herum. Und ob all dies nicht genug wäre, heißt es auch noch, unter der Erde gäbe es einen Wald. Beschreibungen, die allesamt richtig sind, gleichwohl aber das Museum für Archäologie (Europaplatz 1, 44623 Herne, Tel. 02323/946 28 24, www.lwl-landesmuseum-herne.de) in falsches Licht rücken könnten. Tatsächlich darf die Institution für sich in Anspruch nehmen, beeindruckende Schätze aus 250.000 Jahren Menschheitsgeschichte im Fundus zu haben. Wer tief in die Geschichte des Reviers eintauchen möchte, wandelt tatsächlich auf unterirdischen Pfaden. Dort erwartet die Besucher auch ein Teil eines versteinerten, 10.000 Jahre alten Waldes. Die 4.200 qm Ausstellungsfläche des Museums liegen unter der Erde.

14

Ein Fluss, zwei Seen, fünf Städte

Von Schwerte über Hagen nach Witten

mittel | 30,1 km | 199 Hm | 2.15 Std.

Highlight: Hohensyburg

Ausgangspunkt
Bahnhof Schwerte

Endpunkt
Hauptbahnhof Witten

GPS
51.441667, 7.558611

Anfahrt
Der Bahnhof Schwerte ist Haltepunkt zahlreicher Regionalbahnen (RE 7, 13, 17, 53) und mit diesen von Dortmund, Hamm oder Hagen bequem zu erreichen.

Abfahrt
Vom Hauptbahnhof Witten aus gibt es verschiedene Regional- und S-Bahn-Verbindungen zu größeren Bahnhöfen wie Dortmund, Bochum oder Hagen.

Tourencharakter
Mit Ausnahme der Zubringerstraßen zu den Bahnhöfen am Start- und Endpunkt führt die Route fast ausschließlich über gut ausgebaute Radwege und einige wenige verkehrsberuhigte Nebenstraßen. Die wenigen Steigungen stellen keine wirkliche Herausforderung dar.

Informationen
www.ruhr-tourismus.de
www.schwerte.de
www.hagen.de
www.herdecke.de
www.wetter.de
www.witten.de

Die Ruhr ist das verbindende Element auf dieser Tour. Von Schwerte im östlichen Ruhrgebiet geht es am Ufer des Hengsteysees und des Harkortsees nach Wetter. Der Schlussabschnitt führt über den Ortsteil Wengern bis nach Witten.

Am Rande der Innenstadt Vom Portal des Bahnhofs in Schwerte halten wir uns nach links, um rechts in die Bahnhofstraße abzubiegen. Wir rollen über die beampelte Kreuzung hinweg. Wenn die Straße sich nach dem Sparkassengebäude gabelt, fahren wir weiter geradeaus auf der Bahnhofstraße. Linker Hand liegt der Postplatz. An der Ampel biegen wir rechts ab in die Friedensstraße und folgen der abknickenden Vorfahrt auf dem Westwall nach links. An der nächsten Kreuzung halten wir uns links in die Hagener Straße. Wir treffen auf die Brückstraße, in die wir rechts abbiegen. Wir rollen auf das ehemalige Rathaus zu, das heute das Ruhrtalmuseum beheimatet. Gezeigt werden hier Exponate aus den Bereichen Geologie sowie der Stadt- und Industriegeschichte.

Fachwerkcharme Wenn die Brückstraße vor dem Ruhrtalmuseum nach links abknickt, rollen wir geradeaus über den Marktplatz. Unmittelbar nach der St.-Viktor-Kirche gabelt sich der Weg, wir halten uns rechts und biegen an der ersten Möglichkeit zwischen Begrenzungspfeilern nach links ab. Wir folgen der Kötterbachstraße vorbei an schönen Fachwerkhäusern, halten uns an der T-Kreuzung rechts in die Mühlenstraße. Den ersten Abzweig nach links (Südwall) ignorieren wir und rollen halblinks auf den Fuß- und Radweg Richtung Rohrmeisterei. Der rund 70 Meter lange Ziegelbau der ehemaligen Pumpstation, mit der von 1890 bis 1924 die Trinkwasserversorgung sichergestellt wurde, dient heute als Kultur- und Veranstaltungszentrum.

Nah am Wasser Nachdem wir die Rohrmeisterei passiert haben, überqueren wir mithilfe einer Brücke einen Bachlauf, den Mühlenstrang, und folgen dem Weg parallel zu dem schmalen

Alte Rohrmeisterei in Schwerte

Gewässer. Beim Zusammenfluss mit der Ruhr am Knotenpunkt 38 rollen wir rechts über die Brücke und folgen dem Uferweg nach links. Nach 1,9 gefahrenen Kilometern ist auf der Ruhr eine Kanuslalomstrecke eingerichtet; wir fahren am Areal des Kanu- und Surfvereins Schwerte vorbei und genießen eine breite Auenlandschaft. Nach einem kurzen Anstieg entfernen wir uns von der Ruhr und gelangen an einen Fußballplatz. Wir folgen dem Radweg bis zu einer kleinen Straße, die Untere Wülle, in die wir links abbiegen. An der T-Kreuzung geht es links in die Violainesstraße, die uns auf einen Fuß- und Radweg bringt. Es folgt ein kurzer Anstieg durch ein Waldstück, während vor uns die A45 in den Blick kommt.

Geschichtsträchtige Wasserburg Wenn der Weg sich gabelt, nehmen wir den Linken und unterqueren die A45. Kurz darauf liegt im Schwerter Ortsteil Wandhofen linker Hand das Haus Ruhr, eine ehemalige Wasserburg. Der Weg knickt nach rechts ab und wir rollen auf einen Wald zu. An der ersten Gabelung im Wald geht es nach links und an der nächsten T-Kreuzung ebenfalls nach links. Vor der Einfahrt zur Ruhrakademie halten wir uns rechts. Nach einem Feld zur Rechten geht es an der nächsten Möglichkeit nach links und wir gelangen auf ein Stück Waldweg. Wir passieren die GWG-Schwerte-Arena und überqueren die Kreuzung diagonal nach rechts, um auf dem Fuß- und Radweg zu bleiben, der uns zurück ans Ufer der Ruhr bringt.

Kaiser-Wilhelm-Denkmal an der Hohensyburg

Lennemündung Während wir ein kleines Gewerbegebiet passieren, erscheint vor uns im Blickfeld die Hohensyburg. Wenig später rollen wir unter der A1 und einer Bahnlinie hindurch, um danach links abzubiegen. Hier ist es Richtung „Dortmund – Ortsteil Syburg" ausgeschildert. Nach dem einzigen Haus weit und breit geht es wieder links. Rechter Hand liegt wenig später das ehemalige Rittergut Haus Husen, dessen Geschichte bis 1330 zurückreicht. Parallel zur Bahnlinie bewältigen wir einen Anstieg. Wenn vor uns eine Bahnbrücke erscheint, knickt der Weg nach rechts ab. Wir kommen zum Zusammenfluss von Lenne und Ruhr.

Am Fuße der Hohensyburg Unmittelbar vor der Brücke nehmen wir den steilen Anstieg, um hinauf Richtung Brücke zu kommen. Wer mag, kann hier das Fahrrad anschließen und dem steilen Trampelpfad hinauf zur Hohensyburg folgen oder mit dem Rad die Serpentinen hochfahren und an zwei nacheinander folgenden Ampeln rechts abbiegen, um zur Hohensyburg zu gelangen. Seit 2800 Jahren finden sich Siedlungsspuren auf dem Areal der Hohensyburg. Der Bau der Syburg geht bis ins Jahr 1150 zurück. Die Burg wurde im 16. oder Anfang des 17. Jahrhunderts aufgegeben, heute sind lediglich noch Ruinen zu sehen. Nicht weit von den Burgresten ragt der achteckige Vincketurm 26 Meter hoch auf. Dritte Landmarke ist das 1902 in Erinnerung an Kaiser Wilhelm I. fertiggestellte Denkmal mit Standbildern von Otto von Bismarck und Graf von Moltke.

See sehen Wir aber halten uns links über die Brücke. Rechter Hand liegt der Hengsteysee. Unmittelbar nach der Brücke ist

Laufwasserkraftwerk zwischen Hagen und Herdecke

Hagen erreicht. Wir halten uns rechts, um auf den Uferweg zu kommen. Linker Hand liegt ein Parkplatz, der ein beliebter Motorradtreff ist. Hier befindet sich mit dem *Drivers Picknick am See* (Dortmunder Str. 98, 58099 Hagen) auch ein saisonal unterschiedlich geöffnetes Schnellrestaurant. Dieses ist für seine „Syburg-Kost“ bekannt: Kaffee, Currywurst und Pommes. Der Hengsteysee selber wurde von 1927 bis 1929 auf 4,2 Kilometern Länge im Städtedreieck Dortmund, Hagen und Herdecke aufgestaut. Das bis zu 300 Meter breite Gewässer speichert etwa 3,3 Millionen Kubikmeter Wasser. Zu den Blickfängen am See, auf dem mit der MS Freiherr von Stein auch ein Fahrgastschiff verkehrt, gehört das Seeschlösschen. Dieses war 1872 als Landsitz unter dem Namen „Villa Niedernhofen“ für den Großindustriellen Wilhelm Funke erbaut worden.

Ruhrgebiet-Erfahrung: Koepchenwerk

1927 wurde das von Arthur Koepchen entworfene und 1994 stillgelegte Pumpspeicherkraftwerk am Hengsteysee errichtet. Dabei handelt es sich um ein Spitzenlast-Wasserkraftwerk. Das heißt, während Zeiten mit geringerem Strombedarf wurde Wasser aus dem See ins 160 Meter höhergelegene Speicherbecken gepumpt. Während Zeiten mit erhöhtem Strombedarf erströmte das Wasser durch Rohre und eine Pumpturbine in den See zurück. Dadurch konnten bis zu 153 Megawatt Strom produziert werden. Das Speicherbecken hat ein Fassungsvermögen von 1,5 Millionen Kubikmeter Wasser. Die ursprüngliche Anlage wurde durch eine modernere ersetzt und 1994 stillgelegt. Vom Seeuferweg kann ein Blick in die alte Turbinenhalle geworfen werden. Informationstafeln erläutern die Funktionsweise des Werks.

Harkortsee-Ufer in Wetter an der Ruhr

Strom aus Wasser Bei Kilometer 11,5 liegt auf der gegenüberliegenden Seeseite das Koepchenwerk. Wir passieren das Freibad Hengstey und rollen auf das Laufwasserkraftwerk. Letzteres ist vom Ruhrverband zwischen 1927 und 1929 angelegt worden. Mithilfe von Turbinen werden bis zu elf Millionen Kilowattstunden Strom pro Jahr erzeugt. Am Ende des Uferwegs biegen wir auf die Seestraße ab, um an der nächsten Möglichkeit rechts auf die Brücke parallel zum Laufkraftwerk abzubiegen.

Auftanken in Herdecke Nach der Brücke ist Herdecke erreicht. Wir halten uns links auf den Radweg. Unmittelbar vor dem Friedrich-Harkort-Gymnasium halten wir uns links, um weiter an der Ruhr entlang zu strampeln. Wir passieren das Herdecker Freibad und folgen dem Uferweg. Nachdem wir die Ruhrbrücke unterquert haben, liegt rechter Hand der *Zweibrücker Hof*. Während wir uns dem markanten Ruhr-Viadukt nähern, sehen wir rechts das Mühlencenter mit seinen Einkaufs- und gastronomischen Einkehrmöglichkeiten.

Seegrenze Wir rollen unter dem Ruhr-Viadukt hindurch. Die Steinbogenbrücke überspannt seit 1878 die Ruhr zwischen Herdecke und dem Hagener Stadtteil Vorhalle auf 313 Metern – und dies mit einer Höhe von 30 Metern über dem Flusslauf. Gleichzeitig markiert die Eisenbahnbrücke den Beginn des Harkortsees, der sich mit einer Länge von 3,2 Kilometern und einer Breite von bis zu 335 Metern bis nach Wetter erstreckt. Die Fläche des 1931 angelegten Sees misst 1,37 Quadratkilometer.

Seegenuss Nach dem Viadukt folgen wir dem Uferweg Richtung Wetter. Vorbei geht es dabei am (ehemaligen) Cuno-Heizkraftwerk. Der selbsterklärende Weg führt bis in die Harkortstadt. Unweit des Bootsanlegers kommt das Restaurant *Boje* in den Blick. Wir halten uns vor der *Boje* nach rechts und folgen dem kurzen Anstieg der Gustav-Vorsteher-Straße. An der ersten Möglichkeit nach dem Freibad geht es links in die Wilhelmstraße. Nachdem wir die Bahnlinie überquert haben, halten wir uns links auf dem Radweg, um unmittelbar vor dem Ortsausgangsschild nach rechts auf den Fuß- und Radweg abzubiegen.

Sackträger-Brunnen in Herdecke

Durch die Ruhraue Wir rollen entlang des Obergrabens. Vor einer weiteren Staustufe mit Wasserkraftwerk halten wir uns rechts in die Schöntaler Straße. Unmittelbar an der Haltestelle des Bürgerbusses geht es links auf einen Fuß- und Radweg. Linker Hand liegt ein Aldi-Markt. Wir folgen dem Radweg, überqueren eine Straße und rollen auf einen Skaterpark zu, ehe wir wieder ans Ufer der Ruhr gelangen. Nachdem wir rechter Hand das Industrieunternehmen Demag passiert haben, biegen wir links auf die Fuß- und Radbrücke über die Ruhr ab und folgen dem selbsterklärenden Weg durch die Ruhraue.

Auf nach Witten Wir rollen durch einen Bahntunnel und gelangen zum Ortsteil Wetter-Wengern. An der Straße halten wir uns rechts. Nach einem Anstieg nehmen wir nicht (!) den Radweg, der vor der Brücke abbiegt, sondern wir rollen unter der Brücke hindurch und halten uns dann rechts Richtung „Witten-Zentrum". Parallel zu den Schienen gelangen wir zu einer Wegekreuzung, wo wir uns rechts halten. Wir folgen der Straße Im Klive. Schließlich geht es rechts unter der Bahnbrücke hindurch und links auf die Uferstraße. Wir passieren den ehemaligen Bahnhaltepunkt Witten-Bommern. Vor der Brücke halten wir uns rechts, überqueren die Straße und folgen der Ruhrmannstraße. An deren Ende biegen wir rechts ab auf die Brücke. Wir überqueren die Kreuzung geradeaus und folgen der Ruhrstraße. Auf der linken Seite liegen die Ruinen von Haus Witten. An der nächsten Kreuzung biegen wir links in die Bergerstraße ab. Am Kreisverkehr biegen wir an der ersten Möglichkeit rechts ab und gelangen zum Wittener Hauptbahnhof, wo die Tour endet.

Guten Appetit

Am Ufer des Hengsteysees unweit vom Laufwasserkraftwerk in Herdecke gelegen, bietet das *Proto* (Im Schiffswinkel 35, 58313 Herdecke, Tel. 02330/2155) mediterrane Küche mit Blick auf den See. Serviert werden griechische Speisen.

15

Von Bochum nach Hattingen

Mittelalterflair, nicht nur in Hattingen

mittel | 19,4 km | 213 Hm | 1.20 Std.

Highlight: Ruine Haus Weitmar

Ausgangspunkt
Hauptbahnhof Bochum, Südseite

Endpunkt
S-Bahn-Halt Hattingen-Mitte

GPS
51.478611, 7.222778

Anfahrt
Der Bochumer Hauptbahnhof ist über zahlreiche ICE-, IC-, Regional- und S-Bahn-Verbindungen zu erreichen.

Abreise
Vom S-Bahn-Halt Hattingen-Mitte verkehrt die S 3 über Essen nach Oberhausen. In Essen-Horst besteht eine Umsteigemöglichkeit in die S 1 Richtung Dortmund mit Halt in Bochum. Alternativ verkehren von Essen Hauptbahnhof verschiedene ICE-, IC-, Regional- und S-Bahn-Verbindungen nach Bochum.

Tourencharakter
Die Route führt fast ausschließlich über gut ausgebaute, asphaltierte Radwege. Die Steigungen entlang der einstigen Bahntrasse stellen auch für wenig geübte Radfahrer kein Hindernis dar.

Informationen
www.bochum-tourismus.de
www.hattingen.de
www.ruhr-tourismus.de

Die familiengerechte Tour kommt ohne nennenswerte Steigungen aus und verbindet die Bochumer Innenstadt mit der historischen Altstadt von Hattingen.

Zum Springorum-Radweg Wir verlassen den Bochumer Hauptbahnhof an der Südseite, am Buddenbergplatz. Rechts neben dem Parkhaus rollen wir die Rampe hinauf. Am Ende der Rampe biegen wir rechts ab und sofort links, um auf die andere Straßenseite zu gelangen und dem dortigen Radweg zu folgen. An der Ampel biegen wir rechts in die Wittener Straße ab. An der nächsten Ampel geht es links in die Akademiestraße. An dieser Ecke liegt das Zentrum für Stadtgeschichte. Wir folgen der Akademiestraße; treffen auf den Lohring, den wir geradeaus überqueren. Wir folgen der Straße Am Lohberg, die in die Goerdtstraße übergeht. Nach einer Rechtskurve liegt nach 150 Metern links der Beginn des Springorum-Radweges. Benannt ist die ehemalige Bahntrasse nach dem Vorsitzenden der Gelsenkirchener Bergwerks-AG, Otto Springorum (1890–1955).

Schlossgeschichten in Weitmar Wir folgen der Bahntrasse. Unterbrochen wird die Route immer wieder von kleineren Straßen, die es zu queren gilt. Nach einer Linkskurve nach etwa 7,4 Kilometern Fahrstrecke zweigt an einer Reihe von Steinblöcken ein Weg nach links ab. Diesem folgen wir für einen Abstecher in den Schlosspark Weitmar. An der Brücke biegen wir links ab und überqueren sie; nach einem kleinen Teich halten wir uns rechts und gelangen zu den Resten des Hauses Weitmar. Die Geschichte des Adelssitzes reicht zurück bis ins 12. Jahrhundert. Während des Zweiten Weltkriegs wurde der Komplex massiv beschädigt. Seit dem Jahr 2010 ist das moderne Erweiterungsgebäude KUBUS geschickt in die Ruine integriert. Genutzt wird das Ensemble für wissenschaftliche und kulturelle Veranstaltungen sowie für Wechselausstellungen.

Unterirdische Kunst Gegenüber dem KUBUS befindet sich das Museum unter Tage, kurz MuT. Die Ausstellungsfläche sel-

Museum unter Tage in Weitmar

ber liegt unter der Erde. Zu sehen sind 350 Werke der Landschaftskunst seit dem 15. Jahrhundert – vom klassischen Ölgemälde bis hin zur raumfüllenden Video-Sound-Installation.

Zurück auf die Trasse Wir rollen geradeaus, halten uns an der ersten Ecke nach links, an der nächsten wieder nach links und kommen zur Ruine der spätromanischen bis frühgotischen Sylvesterkapelle, die erstmals 1397 urkundlich erwähnt wurde. An der nächsten Ecke geht es links und vor dem Teich rechts. An der T-Kreuzung geht es nach links und an der Gabelung rechts über die Brücke hinüber, danach fahren wir rechts und gelangen wieder auf den Springorum-Radweg, dem wir geradeaus folgen. Wenn wir auf die Straße Am Röderschacht treffen, liegt rechter Hand das Restaurant *Im Wunderbau*.

Bergbaugeschichte im Vorbeifahren Wir rollen weiter geradeaus. Entlang des Springorum-Radweges verläuft in diesem Bereich auch der „Bergbauhistorische Pfad", der mithilfe verschiedener Stationen über die Geschichte der Kohleförderung im Bochumer Stadtteil Dahlhausen informiert. Nach etwa 12 gefahrenen Kilometern ist das Ende des Springorum-Radwegs erreicht. Am

Guten Appetit

Das Restaurant *Im Wunderbau* (Munscheider Str. 168, 44869 Bochum, Tel. 02327/707 08) liegt nicht nur direkt am Springorum-Radweg, sondern markiert auf der Tour Richtung Hattingen auch etwa die Weghälfte.

Kreisverkehr biegen wir links ab in die Dr.-C.-Otto-Straße. An der nächsten Möglichkeit geht es an der Ampel rechts in die Lewackerstraße. An der nächsten Ampel biegen wir rechts ab, um mithilfe der Dahlhauser Schwimmbrücke auf die andere

Ruhrgebiet-Erfahrung: Burg Isenberg

Oben auf dem Isenberg (Am Isenberg 2, 45529 Hattingen, Tel. 02324/20 45 36, www.burg-isenberg.de) lässt sich der Ausblick vom steilen Felsen hinab auf die Ruhrschleife genießen. Dann lässt sich das leicht ansteigende Areal erkunden, indem man zwischen den Mauerresten umherstreunt. Die vielen Nischen, Mäuerchen und Treppen lassen Raum für die eigene Fantasie. Dort mögen die Mägde das Wasser geholt haben, hier stiegen die Wachen auf den Wachturm, dort flanierten die Burgfräulein … Im Museum im Haus Custodis erfahren Interessierte, dass die Isenburg 1199 fertiggestellt wurde. Bereits ein Vierteljahrhundert später wurde sie nach einer wilden Macht-, Mord- und Totschlag-Episode zerstört und nie wieder aufgebaut. Erst im Jahre 1858 entdeckte Max Josef Custodis den Zauber dieses Ortes und errichtete das nach ihm benannte Haus als Sommerresidenz auf den damals noch nicht freigelegten Ruinen.

Links: Schlossruine Haus Weitmar

Rechts: Blick von der Ruine Burg Isenberg auf die Ruhr

Seite der Ruhr zu gelangen. Dort biegen wir links auf den Uferweg ab. Dieser ist Teil des Ruhrradwegs.

Aufstieg Nach 14 gefahrenen Kilometern liegt rechter Hand ein Campingplatz. Hier befindet sich mit der *Leinpfadoase* eine Einkehrmöglichkeit. Etwa nach 16,5 Kilometern verlassen wir den Uferweg, halten uns rechts, um unmittelbar vor der Isenbergstraße links auf den Radweg neben der Straße abzubiegen. Nach wenigen Hundert Metern liegt rechts ein Wanderparkplatz. Hier bietet sich an, die Fahrräder anzuschließen und dem Trampelpfad hinauf zur Ruine der Burg Isenberg zu folgen.

Mittelalterkulisse Wir folgen der Isenbergstraße zur beampelten Kreuzung, wo wir links in die Nierenhofer Straße abbiegen. Wenn wir an einer großen Kreuzung auf die Bochumer Straße (L651) treffen, biegen wir rechts ab und kommen zum S-Bahn-Halt Hattingen-Mitte. Hier endet die Tour. Vom S-Bahn-Halt führt eine Brücke über die Bochumer Straße direkt in die Fußgängerzone mit ihren über 140 mittelalterlichen Fachwerkhäusern und Baudenkmälern. Herausragend ist hier das Bügeleisenhaus aus dem Jahre 1611.

16

Zwischen Lippe, Kanal und Colani-Ei

Von Dortmund nach Lünen und zurück

mittel 32,5 km 236 Hm 2.20 Std.

Highlight: Colani-Ei

Ausgangs- und Endpunkt
Bahnhaltepunkt Dortmund-Scharnhorst

GPS
51.538333, 7.536944

Anfahrt
Der Bahnhaltepunkt in Scharnhorst ist von den Hauptbahnhöfen in Dortmund oder Hamm mit der RE 3 zu erreichen (www.bahn.de).

Tourencharakter
Obschon es hier und da auch mal für kurze Stücke an stärker befahrenen Straßen vorbeigeht, führt die Rundtour überwiegend über gut ausgebaute Radwege oder ruhige Nebenstraßen.

Informationen
www.ruhr-tourismus.de
www.dortmund.de

Höhepunkt dieses familienfreundlichen Rundkurses ist der Abstecher zur ehemaligen Zeche Minister Achenbach. Dort sorgt das Colani-Ei für einen besonderen Blickfang, der tausendfach auf Selfies verewigt ist.

Brückenschlag Wir verlassen den Bahnsteig und rollen mithilfe einer Rampe auf die Brücke, die über die Gleise hinüberführt. Am Fuße der Brücke halten wir uns links und rollen unter zwei weiteren Brücken hindurch. An der T-Kreuzung geht es links. Unmittelbar vor einer kleinen Brücke halten wir uns rechts. Nach etwa 900 Metern Fahrstrecke überqueren wir die vor uns liegende Straße geradeaus und bleiben auf dem Fuß- und Radweg. An der nächsten Straße biegen wir links und an der ersten Möglichkeit nach der Hans-Peters-Straße rechts in den Fuß- und Radweg ab, um dem geschotterten Weg vorbei an Einfamilienhäusern zu folgen. Wenn wir auf eine T-Kreuzung treffen, halten wir uns links. Der Radweg geht in die Labandstraße über. An deren Ende biegen wir links ab in die Rybnikstraße und an der nächsten Ecke rechts in die Dudweilerstraße, der wir durch ein Wohngebiet folgen.

Pumpen am Pumpwerk An der T-Kreuzung biegen wir links ab in die Sülbeckstraße. Nachdem wir die Brücke unterquert haben, halten wir uns links in die Königshüttestraße. An der nächsten Möglichkeit geht es rechts in die Ölsnitzstraße und wir halten uns wenig später links in die Mansfeldstraße, die in den Baukamp übergeht. Unmittelbar nach dem Ortsschild Dortmund-Kirchderne halten wir uns nach dem Überqueren der Bahngleise rechts in die Dörnenstraße. Wir passieren das Pumpwerk Kirchderner Graben und biegen am Ende der Dörnenstraße links in die Beylingstraße und an der folgenden Ecke rechts in die Derner Straße ein. Nach einem leichten Anstieg biegen wir links ab in die Walter-Behrendt-Straße. An der T-Kreuzung biegen wir links ab in die Gneisenauallee. Wenn rechts ein Weg in eine Grünanlage, dem Gneisenau-Park, abzweigt, folgen wir diesem.

Lippe bei Lünen

Kanalquerung An der T-Kreuzung halten wir uns links, folgen dem Fuß- und Radweg und unterqueren die A2. An der T-Kreuzung halten wir uns links und sofort rechts, rollen über eine Brücke hinüber und halten uns links. Es geht eine Rampe hinunter und unten sofort rechts. An der Ampel halten wir uns rechts und sofort links in die schräg gegenüber liegende Karlstraße mit ihren historischen Arbeiterhäusern. Am Ende der Karlstraße biegen wir rechts in die Bergstraße ein. Es folgt ein Anstieg auf die Brücke, die uns über den Datteln-Hamm-Kanal bringt. An der ersten Möglichkeit biegen wir rechts ab in den Gahmener Kamp. An der T-Kreuzung vor dem Gahmener Hof halten wir uns links. An der nächsten Möglichkeit geht es links in die Straße Auf dem Osterfeld und wir fahren an der Ampel an der Kupferstraße geradeaus. Nach der Brücke folgen wir dem Fuß- und Radweg weiter und fahren auch an der nun folgenden Ampel geradeaus.

Durch Lünens Innenstadt Es geht vorbei an der Geschwister-Scholl-Gesamtschule und der Herz-Jesu-Kirche. An der nun folgenden T-Kreuzung halten wir uns nach links. Wenn wir wieder auf eine Straße treffen, biegen wir rechts ab in die Bäckerstraße. Wir gelangen ins Zentrum von Lünen, wo wir links in die Marktstraße abbiegen. Wir passieren den Willy-Brandt-Platz mit dem Rathaus und halten uns am Kinocenter Cineworld nach rechts, um an der nächsten Ecke links über die Brücke an der Münsterstraße abzubiegen. Auf der anderen Seite der

Brücke halten wir uns links auf den Uferweg oberhalb der Lippe. Mit dem Fluss zur Linken geht es wieder hinaus aus Lünen.

Dem Lauf der Lippe folgend Wir rollen unter der Brücke hindurch, um dem Weg auf dem Damm zu folgen. Lediglich ein paar Kühltürme des Biomassekraftwerks Lünen stören die Idylle in der Auenlandschaft. Wenn der Radweg sich gabelt, halten wir uns links. An der nächsten T-Kreuzung halten wir

Ruhrgebiet-Erfahrung: Colani-Ei

Auf dem Gelände der Schachtanlage IV der ehemaligen Steinkohlezeche Minister Achenbach in Lünen wurde 1991 das Technologiezentrum Lünen, kurz LünTec (Am Brambusch 24, 44536 Lünen, Tel. 0231/986 01 00, https://luentec.de/das-ei-des-colani-wie-das-ufo–1995-in-luenen-landete), unter Einbeziehung der historischen Zechengebäude eröffnet. Knapp vier Jahre später erfolgte die Neugestaltung des Fördergerüsts mit einem aufgesetzten „Ufo" nach Plänen von Designer Luigi Colani. Offiziell heißt der Turm LünTec-Tower, gerne wird er auch als „Colani-Ei" tituliert. In dem eiförmigen Aufsatz findet sich in 35 Metern Höhe eine Business-Lounge, vor der aus sich ein Panorama-Blick auf Lünen eröffnet.

uns abermals links und rollen durch ein Waldstück. Auch an der nächsten T-Kreuzung geht es links Richtung „Brambauer". Eine Brücke bringt uns über die Lippe hinüber, während wir auf einige Industrieanlagen zurollen. Wir folgen der Schlossallee, überqueren die Brunnenstraße und folgen dem Mühlenweg vorbei an der historischen Schlossmühle Lippholthausen über die Gleise hinweg. Wenn wir auf die Frydagstraße treffen, fahren wir nach rechts und rollen durch ein Gewerbegebiet.

Links: Colani-Ei

Rechts: Hafenanlage an der Lippe in Lünen

Ei der Daus, ein Stahl-Ei! Wenn die Straße nach rechts abknickt, rollen wir geradeaus auf dem Fuß- und Radweg. Dieser bringt uns mithilfe einer Brücke wieder über den Datteln-Hamm-Kanal. Wenn wir auf eine Straße treffen, halten wir uns rechts. An der Vorfahrtsstraße halten wir uns rechts und folgen der Straße Am Brambusch. Wir kommen zu LünTec, dem Technologiezentrum der Stadt Lünen. Hier erhebt sich linker Hand das Colani-Ei. Wir wenden hier, folgen der Straße Am Brambusch geradeaus über die Vorfahrtsstraße hinweg und halten uns nach der Linkskurve an der Meininghauser Straße rechts. Zwischen Feldern und Wiesen gelangen wir zum Dortmunder Stadtteil Brechten. An der ersten Möglichkeit halten wir uns links in die Straße Im Siepen und an der folgenden T-Kreuzung

Bunte Häuserpracht und Persil-Uhr in Lünen

ebenfalls links in die Straße Rauher Kamp. Wir überqueren die Evinger Straße (B54) und folgen weiter der Straße Rauher Kamp. An der T-Kreuzung nach der St.-Johann-Baptist-Kirche geht es links in die Widumer Straße und wir biegen dann rechts ab in die Straße Im Löken. An der nächsten T-Kreuzung geht es rechts in den Heuweg und nach dem letzten Haus auf der linken Seite links auf den Weg am Rande des Feldes entlang. Mithilfe der Kirchwegbrücke überqueren wir die A2 und folgen der Straße In den Weidbüschen in ein Waldstück hinein. Hier halten wir uns an der ersten Gabelung rechts, nehmen die erste Möglichkeit links und fahren an der folgenden T-Kreuzung wieder links. Wenn der Waldweg sich abermals gabelt, nehmen wir den linken Weg, gefolgt vom zweiten Abzweig nach rechts. An der T-Kreuzung geht es nach links, und wenn wir wieder auf eine Straße treffen, abermals nach links. Unmittelbar vor einem Feld biegen wir rechts ab auf einen Fuß- und Radweg. Wenn wir auf die Brechtener Straße treffen, halten wir uns rechts. Wir überqueren die beampelte Kreuzung und erreichen den Dortmunder Stadtteil Eving.

Zugang zur Lippe in Lünen

Straßenkreuzen Nach der nächsten Ampel biegen wir links ab in die Gitschiner Straße. An der dritten Möglichkeit biegen wir rechts ab in die Wrangelstraße. An der folgenden Gabelung und nächsten Ecke halten wir uns jeweils links und gelangen zur Königgrätzer Straße. An deren Ende fahren wir rechts in die Gitschiner Straße. An der nächsten Ecke geht es links in die Preußische Straße. Wir rollen auf einen Sportplatz zu und halten uns rechts. Hier liegt auch das Heisenberg-Gymnasium. Wir rollen zwischen zwei Sportplätzen hindurch und biegen links ab. An der nächsten Möglichkeit halten wir uns rechts Richtung Kirchderne. Mithilfe der Ampel überqueren wir die Derner Straße, passieren den U-Bahn-Haltepunkt Grevel und halten uns rechts. An der ersten Ecke biegen wir links ab und wenn wir auf eine Straße treffen, nach links in die Gruwellstraße. An der nächsten T-Kreuzung geht es rechts in die Ubinckstraße und unmittelbar danach links in den Speckacker. Dieser geht in einen Fuß- und Radweg über, der uns durch eine Grünanlage führt.

„Händler"-Skulptur von Andrzej Irzykowski auf dem Marktplatz in Lünen

Zurück nach Scharnhorst An der ersten T-Kreuzung halten wir uns nach rechts zwischen Begrenzungspfosten hindurch und folgen dem Johannes-Menne-Weg. An der T-Kreuzung halten wir uns links in den Merckenbuschweg, um sofort rechts in die Straße An der Hordelwiese abzubiegen. Wenn wir auf die Straße Im Karrenberg treffen, halten wir uns wieder rechts, überqueren die Bahnlinie und halten uns links auf den Fuß- und Radweg Richtung Scharnhorst. Wir rollen durch einen Tunnel und halten uns sofort rechts. Wenn wir wieder auf eine Straße treffen, geht es nach links. Wir folgen der Friedrich-Hölscher-Straße. An der abknickenden Vorfahrt rollen wir geradeaus. Unmittelbar nach der Brücke über den kleinen Kanal fahren wir nach rechts. Direkt an einer kleinen Senke halten wir uns rechts, rollen unter den Brücken hindurch und gelangen zurück zum Ausgangspunkt am Bahnhalt Dortmund-Scharnhorst.

Guten Appetit

Am Wendepunkt der Rundroute in Lünen liegt direkt am zentralen Rathaus-Vorplatz das Restaurant *Heimatgeschmack* (Willi–Brandt–Platz 2c, 44532 Lünen, Tel. 0231/42 78 64). Neben Frühstück und einer saisonal wechselnden Speisekarte bietet das Restaurant verschiedene Snacks und kleine Stärkungen.

17

Rund um Oberhausen

Zwischen Kanal und Landschaftspark

mittel | 34,8 km | 135 Hm | 2.30 Std.

Highlight: Kaisergarten Oberhausen mit Schloss

Ausgangs- und Endpunkt
Bahnhof Oberhausen-Sterkrade

GPS
51.512222, 6.843611

Anfahrt
Der Bahnhof Oberhausen-Sterkrade ist vom Hauptbahnhof Oberhausen mit der RE 5, RB 19 oder RB 35 zu erreichen.

Tourencharakter
Schöne Mischung aus Stadtradeln und Landpartien; überwiegend auf Radwegen und ganz schwach frequentierten Nebenstraßen.

Informationen
www.oberhausen.de
www.oberhausen-tourismus.de
www.ruhr-tourismus.de

Auf alten Bahntrassen, vorbei an den Resten stillgelegter Zechen, am Rhein-Herne-Kanal entlang, vorbei am Gasometer und Schloss Oberhausen führt die überaus abwechslungsreiche und nahezu komplett flache Rundtour.

Hoag-Trasse und Zechen-Charme Startpunkt ist der Bahnhof Sterkrade. Dort halten wir uns links, um mithilfe des Tunnels auf die andere Seite des Bahnhalts zu gelangen. Wir folgen der Neumühler Straße geradeaus und fahren unmittelbar vor der Brücke rechts auf den kombinierten Fuß- und Radweg. Eine Rampe bringt uns hinauf auf die Hoag-Trasse. Hier biegen wir rechts ab und folgen der geschotterten Piste. An der zweiten Straße biegen wir links ab in die Von-Trotha-Straße. In Höhe der Bushaltestelle geht es rechts auf den Fuß- und Radweg, der uns wenig später zum Förderturm der ehemaligen Zeche Sterkrade bringt.

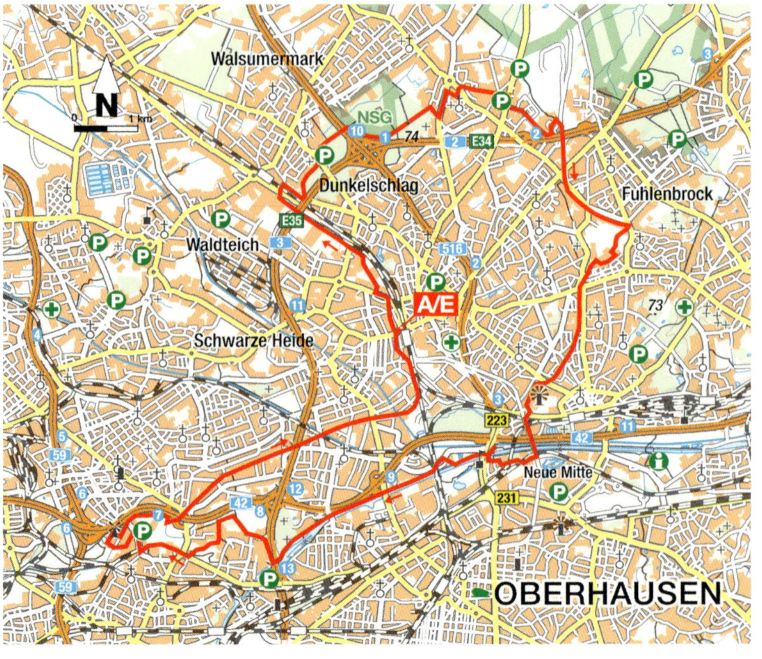

Radler am Rhein-Herne-Kanal

Wald am Rand der Autobahn Wenn sich der Weg nach dem Förderturm gabelt, halten wir uns rechts und rollen am Rand eines Waldstückes entlang. Dort, wo eine Rampe auf eine Brücke führt, nehmen wir den rechten Weg, um über die Gleise zu gelangen. Wir folgen dem breiten Radweg parallel zu den Schienen. Nachdem wir unter der Autobahn hindurch sind, biegen wir dort, wo zahlreiche Gabionen aufgestellt sind, rechts ab. Kurz darauf geht es links in die Weseler Straße und sofort rechts in die Sternstraße. Wir überqueren die Bahnlinie, um dann rechts in den Fuß- und Radweg abzubiegen, der uns Richtung A3 führt. Vor der Autobahn geht es links in die Weseler Straße. Hier ignorieren wir den ersten Abzweig und rollen geradeaus in den Wald hinein. Wenn wir auf eine stark befahrene Straße treffen, biegen wir links ab und sofort rechts, um über den Parkplatz hinweg in ein Waldstück zu gelangen.

Durch ruhige Wohngebiete Wir rollen abermals unter der Autobahn hindurch und fahren danach sofort rechts. Wenn der Waldweg auf die Falkestraße trifft, halten wir uns rechts. An einem Parkplatz biegen wir direkt in den Fuß- und Radweg ab. Wir treffen auf die Königshardter Straße und biegen links ab. An der Ampel geht es rechts in die Krähenstraße und an der nächsten Möglichkeit nach links. Hier ist es zu den Häusern Krähenstraße 17–33b ausgeschildert. Wenn wir auf einen Wendehammer an der Hartmannstraße treffen, überqueren wir die Straße, um der Dohlenstraße zu folgen. An der nächsten Möglichkeit halten wir uns rechts in die Pfälzer Straße.

Schloss Oberhausen

Zeche in Sicht Wir überqueren die Matzenbergstraße und halten uns an der T-Kreuzung rechts in die Kirchhellener Straße. Unmittelbar nachdem links die Straße Sterkrader Venn abgeht, halten wir uns links in den Fuß- und Radweg. Dieser geht in die Kleekampstraße über. Unmittelbar vor der A2 halten wir uns links. An der ersten Möglichkeit geht es nach links in die Birkhahnstraße und an der nächsten Möglichkeit sofort rechts. Im Blick erscheint der Förderturm der Zeche Prosper Haniel. Wir rollen geradeaus auf einen Parkplatz, halten uns dort links, um im 180-Grad-Bogen auf eine Trasse zu gelangen. Nach einem Anstieg über eine Brücke halten wir uns an der ersten Gabelung rechts. Wir folgen dem geschotterten Weg und rollen abermals unter der Autobahn hindurch. Nach einem Anstieg biegen wir vor der Brücke rechts ab und an der nächsten Möglichkeit sofort wieder rechts.

Ruhrgebiet-Erfahrung: Slinky Springs to Fame

Die ungewöhnliche Verbindungsachse über den Rhein-Herne-Kanal, die begehbare Brückenskulptur Slinky Springs to Fame (Konrad-Adenauer-Allee 46, 46049 Oberhausen; rund um die Uhr frei zugänglich), wurde nach Plänen des Frankfurter Künstlers Tobias Rehberger im Jahre 2011 errichtet und wird im Volksmund schlicht Rehberger-Brücke genannt. Das 106 Meter lange Brückenbauwerk verfügt über eine Zugangsrampe auf jeder Seite und wird von insgesamt 496 Spiralen umhüllt, die das Kunstwerk wie eine gigantische Spirale wirken lassen.

Brücke „Slinky Springs to Fame“

Über den Golfplatz Vor einem Fußballplatz halten wir uns rechts und an der nächsten Ecke wieder rechts. Wir rollen über das Areal des Golfclubs, an der ersten Möglichkeit biegen wir links ab. Rechter Hand liegt der Biergarten des Golfclubs Oberhausen. Noch vor dem Tor zum Golfplatz auf dem ehemaligen Areal der Zeche Jacobi biegen wir rechts auf den leicht zu übersehenden Fuß- und Radweg ab. Wir folgen diesem durch den Wald mit dem Golfplatz zur Rechten. An der T-Kreuzung biegen wir links ab. Hier ist es Richtung Centro ausgeschildert. Wir biegen rechts ab und folgen der Beschilderung Richtung Centro, passieren den Haltepunkt OLGA-Park, rollen über die A42 und unter der Eisenbahnbrücke hindurch. An der ersten Möglichkeit halten wir uns rechts, passieren das Gasometer und biegen wieder rechts ab. Unmittelbar vor dem Wald schwenken wir nach links und fahren am Kletterpark vorbei. Es geht rechts in die Einbahnstraße hinein. Wir folgen der Straße Am Grafenbusch. Wenn diese nach links abschwenkt, halten wir uns rechts auf den Fuß- und Radweg. Es folgt ein kurzer Anstieg.

Kanal-Querung Wir treffen auf die Konrad-Adenauer-Allee. Linker Hand liegt das Schloss Oberhausen. Wir biegen nach rechts ab, um mithilfe der Brücke den Rhein-Herne-Kanal zu überqueren. An der ersten Möglichkeit geht es rechts und sofort wieder rechts über den Parkplatz am Restaurant *Bootshaus*, um in einem U-Bogen an den Uferweg am Rhein-Herne-Kanal zu gelangen. Nachdem wir unter der ersten Brücke hindurch sind, erwartet uns mit der Brücke Slinky Springs to Fame ein spektakuläres Brückenbauwerk, während wir dem Uferweg folgen. Am Niederrheinstadion, der Heimspielstätte von Rot-Weiß Oberhausen, schwenkt der Weg nach rechts. Wenn wir auf eine Zubringerstraße treffen, halten wir uns rechts und an der nächsten Ecke links in die Lindnerstraße. Nachdem wir zwei Brücken unterfahren haben, geht es links auf den Rad- und Fußweg, der uns wieder ans Kanalufer bringt. Kurz vor der Schleuse Oberhausen geht der Weg in die Emscherstraße über, der wir geradeaus folgen.

Landschaftspark Duisburg-Nord

Hinein in den Landschaftspark Wir rollen unter der A3 hindurch, schwenken vor dem Hafenbecken nach rechts und biegen an der Gabelung rechts ab. Vor der Autobahn halten wir uns links. Wenn wir an der ersten Kreuzung auf die Berliner Straße treffen, biegen wir links ab. Am Wendehammer halten wir uns rechts. Wir nehmen den dritten Abzweig nach links und folgen dem Fuß- und Radweg, der uns in eine Grünanlage führt. Wir folgen dem geschotterten Weg bis zur Ernst-Reuter-Straße, wo wir rechts abbiegen. An der Ampel biegen wir links ab und sofort wieder rechts in den Park. Am Basketballfeld biegen wir rechts ab und an der T-Kreuzung links. Wir rollen auf den Landschaftspark Duisburg-Nord zu. An der Gabelung

Glockenspiel am Bahnhof Sterkrade

Blick vom Gasometer auf den Rhein-Herne-Kanal

halten wir uns links, rollen an der nächsten Möglichkeit die Rampe hinauf und biegen links ab. An der nächsten Möglichkeit geht es rechts. Wir überqueren die Straße, rollen in den Landschaftspark hinein und biegen rechts ab.

Endspurt auf dem Grünen Pfad An der nächsten Kurve geht es rechts und an der T-Kreuzung links. Danach biegen wir links auf die Hochofenstraße ab. Nach der Tunneldurchfahrt nehmen wir den ersten Abzweig nach rechts, rollen nach links und biegen rechts ab. Nach dem Windrad halten wir uns rechts und passieren die Treppen zum Ausguck sowie das Amphitheater. Wir nehmen den zweiten Abzweig nach links und fahren am Wasser entlang. Wir überqueren die Emscherstraße und folgen dem Rad- und Fußweg, ignorieren den ersten Abzweig nach rechts und folgen dem leichten Anstieg, um links auf die Trasse abzubiegen. Dies ist der Grüne Pfad. Ihm folgen wir für einige Kilometer. Etwa bei Kilometer 34,5 zweigt rechter Hand im 180-Grad-Winkel eine Rampe ab. Diese rollen wir hinunter, treffen wieder auf die Neumühler Straße und biegen links ab. Nach 200 Metern ist mit dem Zugang zum Bahnhof Sterkrade der Ausgangspunkt der Tour wieder erreicht.

Guten Appetit

Mitten im Landschaftspark Duisburg-Nord im alten Hauptschalterhaus der Industrieanlage liegt das gleichnamige Restaurant *Hauptschalthaus* (Emscherstr. 71, 47137 Duisburg, Tel. 0203/41 79 91 80). Neben Bistrogerichten werden Rumpsteaks, Maishähnchen und Geschnetzeltes in Edelpilzsahnesoße angeboten.

18

Römische Geschichte und Hafenflair

Von Lünen nach Hamm

mittel | 34 km | 167 Hm | 2.20 Std.

Highlight: Römerpark Oberaden

Ausgangspunkt
Bahnhof Lünen

Endpunkt
Hauptbahnhof Hamm

GPS
51.617222, 7.529167

Anfahrt
Der Bahnhof Lünen ist von Dortmund oder Münster mit der Regionalbahn RB 50 sowie mit der RB 51 zu erreichen. (www.bahn.de). Der Hauptbahnhof Hamm ist als wichtigste Bahndrehscheibe in Ostwestfalen Haltepunkt zahlreicher ICE- und IC-Verbindungen sowie einer Reihe von Regionalbahnen.

Tourencharakter
Die familientaugliche Route verläuft bis auf wenige Ausnahmen über gut ausgebaute Radwege oder ruhige Nebenstraßen. Nennenswerte Steigungen sind nicht zu bewältigen.

Informationen
www.ruhr-tourismus.de
www.luenen.de
www.hamm.de

Innenstadtflair am Anfang und Ende, dazwischen Natur pur zwischen Feldern, Wiesen und Wäldern.

Cityhopping Wir rollen vom Bahnhof in Lünen geradeaus am Parkplatz vorbei bis zur nächsten Ecke und biegen links ab in die Münsterstraße. Wir überqueren an der Ampel die Kurt-Schumacher-Straße und rollen geradeaus. An der Persil-Uhr biegen wir links ab und fahren über die Brücke mit den blauen Bögen. Danach biegen wir rechts ab in die Straße Im Hagen, fahren vor der Cineworld links und passieren den Marktplatz. Wir folgen der Marktstraße und biegen vor dem Fachgeschäft „Flinke Nadel" rechts in die Bäckerstraße ab und an der Grünanlage links in den Fuß- und Radweg. An der ersten Möglichkeit vor der Herz-Jesu-Kirche halten wir uns rechts. Wir überqueren die Holtgrevenstraße, fahren am Geschwister-Scholl-Gymnasium geradeaus, um weiter dem Radweg zu folgen.

Seepark sehen Wir überqueren an der Kreuzung die Viktoriastraße (B 54) geradeaus. Nach der Bahnunterführung biegen wir an der ersten Möglichkeit links ab in die Bismarckstraße. Wenn wir nach dem Schulgebäude (Osterfeldschule) auf die Kurt-Schumacher-Straße treffen, halten wir uns an der Ampel rechts und an der nächsten Ampel wieder links in die Horstmarer Straße. Wenn diese an einer T-Kreuzung endet, biegen wir links ab in die Seelhuve. Wir rollen unter einen Bahnbrücke hindurch und halten uns rechts in den Schwansbeller Weg. An der ersten Kreuzung biegen wir links ab, passieren die Schranke und folgen dem Weg bergan. Wir überqueren mithilfe einer Brücke den Datteln-Hamm-Kanal, gelangen zum Seepark von Lünen und rollen weiter geradeaus.

Kleine Landpartie Nachdem wir den Horstmarer See, der auf der rechten Seite liegt, passiert haben, biegen wir links ab. Hier ist es auch Richtung Horstmar und Bergkamen ausgeschildert. Wenn wir auf eine Straße treffen, überqueren wir sie geradeaus, halten uns links, um sofort rechts in den Radweg abzubiegen. Wenn wir auf eine kleine Stichstraße treffen, halten wir uns links und biegen an der nächsten Kreuzung nach rechts ab.

Seepark in Lünen

Nach der Pferdekoppel halten wir uns links. Hier stehen herrenlose Apfel- und Birnbäume, die je nach Jahreszeit einladen, ein wenig Obst zu sich zu nehmen. Wenn sich der Weg gabelt, halten wir uns rechts, rollen geradeaus über die Brücke, halten uns links und sofort wieder rechts. An der T-Kreuzung geht es nach rechts. Wir fahren über die Lünener Straße, überqueren eine Kreuzung und rollen auf der Alisostraße.

Römer-Historie An der ersten Möglichkeit biegen wir rechts ab in die Preinstraße. Wir biegen für einen Abstecher dort links ab, wo es zur Preinstraße 32, 34b und 36a geht, und folgen der Beschilderung zum Römerlager in Oberaden. Vom Römerpark

Datteln-Hamm-Kanal

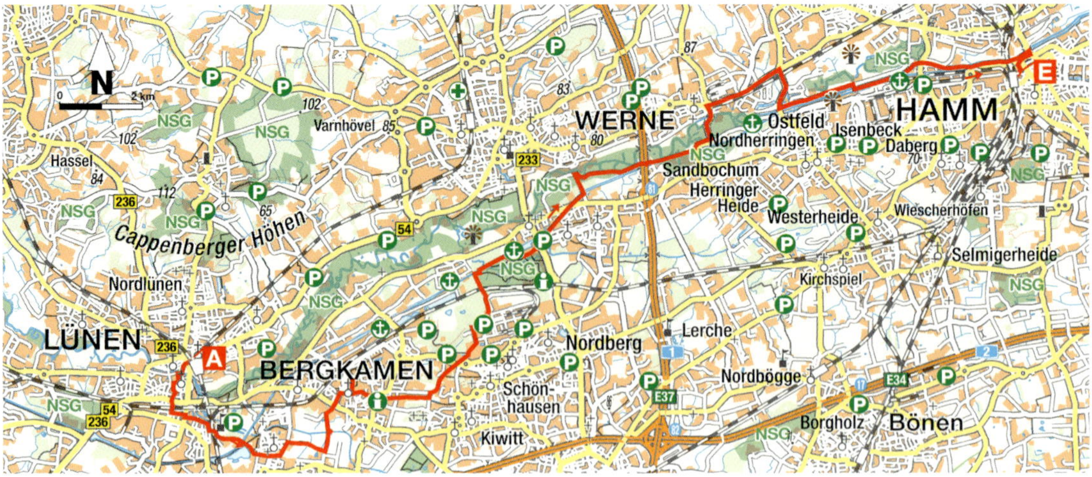

nehmen wir denselben Weg zurück durch den Wald, bis wir wieder auf die Preinstraße treffen, in die wir links abbiegen. An der T-Kreuzung biegen wir rechts in die Sugambrerstraße ab und an der nächsten Ecke rechts in die Jahnstraße. Vor dem Parkplatz von Lidl geht es links auf den Fuß- und Radweg parallel zum Kuhbach.

Kuhbach-Weg An der nächsten Möglichkeit geht es wieder links und wir folgen dem Kuhbach-Weg Richtung Bergkamen. An der T-Kreuzung halten wir uns links Richtung Marina Rünthe. Es geht durch ein Waldstück. An der ersten Möglichkeit biegen wir rechts ab. Treffen wir auf eine größere Straße, überqueren wir sie geradeaus, um dem Radweg weiter zu folgen. An der T-Kreuzung fahren wir nach links und an der nächsten Möglichkeit nach rechts auf den asphaltierten Radweg. Es folgt

Ruhrgebiet-Erfahrung: Römerlager Oberaden

Im 11. Jahrhundert v. Chr. haben die Römer im heutigen Bergkamener Stadtteil Oberaden ein rund 56 Hektar großes Militärlager für 2000 Legionäre errichtet. Dieses war durch Gräben und einem Wall mit Wachtürmen gesichert. Das Lager hat vermutlich bis ins 7. Jahrhundert v. Chr. existiert. 1905 wurden die Reste des Römerlagers Oberaden (Am Römerberg 1, 59192 Bergkamen-Oberaden, www.roemerpark-bergkamen.de, www.bergkamen.de/roemerlager-oberaden.html, Mai – Sept.: Sa u. So 14–17) wiederentdeckt. Bei Ausgrabungen wurden zahlreiche Gegenstände wie Bronzemünzen, ein Übungsschwert, Transportfässer und ein Orden gefunden. Heute führt ein archäologischer Lehrpfad entlang der bedeutendsten Fundorte des Römerlagers. Hier findet sich auch eine Rekonstruktion einer Holz-Erde-Mauer.

Römerlager Oberaden

ein kurzer Anstieg. An der darauffolgenden T-Kreuzung nach einer Linkskurve halten wir uns links. Nach einem kurzen Anstieg, wo linker Hand ein Lichtkunstobjekt liegt, halten wir uns an der Gabelung rechts und rollen durch den Wald. An der ersten Möglichkeit fahren wir nach links.

Kanal-Flair Wir überqueren den Bahnübergang, fahren weiter durch den Wald und gelangen zum Ufer des Datteln-Hamm-Kanals. An der T-Kreuzung geht es nach rechts, um dem Uferweg zu folgen. Wenn der Weg auf einen Parkplatz trifft, halten wir uns rechts und folgen dem Weg über den Parkplatz. Der Weg geht in die Straße Hafenweg über und wir gelangen zum Areal der Marina Rünthe. Linker Hand liegt das Restaurant *Am Yachthafen*. Wir folgen dem Hafenweg vorbei an der Marina Rünthe, biegen links in den Fuß- und Radweg ab, der Richtung

Brücke über den Datteln-Hamm-Kanal

Blick auf die Marina Rünthe

Hamm-Heringen führt. Wenn wir auf eine Straße treffen, halten wir uns links und gelangen wieder an das Ufer des Kanals, wo wir uns rechts halten, um dem Pfad am Datteln-Hamm-Kanal zu folgen. Wenn die dritte Brücke erreicht ist, rollen wir im Bogen auf diese hinauf, um den Kanal zu überqueren. Wenn wir auf eine T-Kreuzung treffen, biegen wir rechts ab. Wir folgen dem selbsterklärenden Radweg durch weitläufige Auenlandschaften. An der T-Kreuzung vor einer Brücke halten wir uns links. Linker Hand kommt das Gersteinwerk, ein Dampfkraftwerk der RWE im Werner Stadtteil Stockum, in den Blick. Wenn der Weg auf eine Straße trifft, halten wir uns links auf den Fuß- und Radweg neben der Straße Am Tibaum.

Stippvisite in Werne Wir folgen diesem Weg Richtung Werne, überqueren die Lippe und gelangen entlang des Sandbochumer Wegs nach Stockum. Wir überqueren die Gleise und halten uns am Kreisverkehr rechts auf die Hammer Straße. An der Ampel biegen wir rechts ab auf die Straße Am Lausbach. Vor der Brücke halten wir uns rechts auf den Fuß- und Radweg, der hinunter an das Ufer der Lippe führt, wo wir im 180-Grad-Winkel links abbiegen, um dem Uferweg

Guten Appetit

Das Restaurant *Am Yachthafen* (Hafenweg 40-42, 59192 Bergkamen, Tel. 02389/6262) bietet vor allem Steak- und Grillspezialitäten. Das Gasthaus liegt mit seinem Biergarten am Datteln-Hamm-Kanal und eröffnet Blicke auf die Marina Rünthe.

Bahnhofsvorplatz in Hamm

auf dem Damm zu folgen. Wir treffen auf eine Brücke, die uns über die Lippe bringt. Auf der anderen Seite fahren wir links und rollen zwischen Lippe und Datteln-Hamm-Kanal. Wenn wir auf die Münsterstraße treffen, halten wir uns rechts auf den Radweg. Wir überqueren den Kanal und gelangen im Rechtsbogen auf einen Radweg am Kanal. Dort halten wir uns links. Mithilfe der Ampel überqueren wir die Hafenstraße nach links und fahren auf der anderen Seite nach rechts auf den Radweg. Wir überqueren den Platz an der Ampel geradeaus, passieren ein Parkhaus und biegen links in die Poststraße ab. An der nächsten Ecke halten wir uns rechts auf die Gustav-Heinemann-Straße, rollen vorbei am Technischen Rathaus der Stadt Hamm und gelangen zum Hauptbahnhof, wo die Tour endet.

Datteln-Hamm-Kanal in Hamm

19 Uferwege, Bahntrassen und Schlossblick

Drei-Städte-Eck Dortmund – Witten – Bochum

mittel | 35 km | 281 Hm | 2.30 Std.

Highlight: Haus Dellwig

Ausgangs- und Endpunkt
Bahnhof Dortmund-Dorstfeld

GPS
51.509444, 7.425278

Anfahrt
Der Bahnhof in Dortmund-Dorstfeld ist u. a. von Essen- oder Dortmund-Hauptbahnhof mit der S-Bahnlinie S 1 oder mit der Linie S 2 von Essen, Gelsenkirchen oder Dortmund zu erreichen (www.bahn.de; www.vrr.de).

Tourencharakter
Mit Ausnahme einiger kurzer Straßenabschnitte geht es fast ausschließlich über gut ausgebaute Rad-, Nutz- und Forstwege sowie ruhige Nebenstraßen. Dabei sind immer mal wieder kleinere Anstiege zu bewältigen.

Informationen
www.ruhr-tourismus.de
www.stadtmarketing-witten.de/tourismus
www.bochum-tourismus.de
https://visit.dortmund.de

Emscher-Weg, Rüpingsbach-Weg, Schmechtingsbach-Uferweg und Rheinischer Esel sind die bekannten Radwege in Dortmund, Witten und Bochum, über die ein nicht unerheblicher Teil der Rundstrecke verläuft.

Stadionblick Vom Vorplatz des Bahnhaltepunkts in Dortmund-Dorstfeld rollen wir die Rampe hinunter und halten uns an der Straße links auf den Radweg an der Straße Kortental. An der nächsten Ampel überqueren wir die Dorstfelder Allee geradeaus und halten uns rechts auf den Fuß- und Radweg. Unmittelbar bevor wir auf eine Brücke und das Ufer der Emscher treffen, biegen wir rechts ab auf den Emscher-Weg. Der geschotterte Weg führt am Rande der Kleingartenanlage Im Wiesengrund vorbei und im Bogen unter der A40 hindurch. Nach dem Anstieg halten wir uns an der T-Kreuzung nach links und setzen nach einem weiteren kurzen Anstieg an der Gabelung den Weg geradeaus fort. Linker Hand fällt der Blick auf den Signal-Iduna-Park, die Heimspielstätte des Fußball-Bundesligisten Borussia Dortmund. Wenn wir auf die Straße An der Fillkuhle treffen, halten wir uns rechts und folgen dem leichten Anstieg bis zur T-Kreuzung.

Rüpingsbach-Weg An der T-Kreuzung biegen wir links ab in die Emil-Figge-Straße. Wir folgen der abknickenden Vorfahrtsstraße durch den Dortmunder Stadtteil Barop nach links. Rechter Hand liegt an dieser Ecke die schmucke Margarethenkapelle. Das evangelische Kirchenbauwerk wurde 1348 erstmals urkundlich erwähnt. Die Emil-Figge-Straße geht in die Straße An der Palmweide über. Unmittelbar vor der Brücke halten wir uns rechts. Dies ist am Radknotenpunkt 48. Hier ist es auch Richtung Witten ausgeschildert. An der Gabelung halten wir uns links und folgen dem kurzen Anstieg. Wir überqueren den Rüpingsbach und halten uns dann rechts. Wir überqueren die Ostenbergstraße geradeaus und folgen dem Rüpingsbach-Weg. Mithilfe einer Ampel überqueren wir auch die Stockumer Straße geradeaus.

Start- und Zielpunkt S-Bahnhalt Dortmund-Dorstfeld

Ländliche Idylle Wenn wir auf die Menglinghauser Straße treffen, halten wir uns rechts. Direkt gegenüber liegt das Hotel *Der Lennhof* mit angeschlossenem Restaurant. Nach einer Linkskurve biegen wir rechts ab in die Straße Hegemanns Heide, an der folgenden T-Kreuzung links und an der nächsten Möglichkeit abermals links. Wir rollen zwischen Feldern und Wiesen hindurch auf der Grotenbachstraße und nehmen den zweiten Abzweig nach rechts in die Terwestenstraße. An der T-Kreuzung vor einem schmucken Gehöft halten wir uns rechts und erreichen nach einem Anstieg den Dortmunder Stadtteil Großholthausen. An der ersten Möglichkeit geht es rechts in die Großholthauser Straße. Wir treffen auf die Kruckeler Straße, überqueren diese geradeaus und folgen dem Anstieg an der Straße Am Hülsenberg.

Kultur im Vorbeifahren An der ersten Möglichkeit biegen wir links in die Sackgasse ab und nach einem kurzen Anstieg rechts auf den Radweg, den Rheinischen Esel (siehe Seite 120). Der selbsterklärende Radweg bringt uns mithilfe einer Brücke über die A45 (Sauerlandlinie). Wir rollen durch den Dortmunder Stadtteil Kruckel, am Rand vom Wittener Stadtteil Rüdinghausen entlang und passieren den ehemaligen Bahnhalt Witten-Annen-Süd, wo uns eine Metallskulptur mit einer Rad schlagenden

Guten Appetit

Der Lennhof (Menglinghauser Straße 20, 44227 Dortmund, Tel.: 0231 758190) verfügt über ein etwas höherpreisiges Restaurant, das vor allem Filet-Varianten, aber auch Fisch- und Lammgerichte anbietet.

Frau ins Auge fällt. Nach zwei überdachten Brücken liegt linker Hand eine Radfahrer-Skulptur. Wir überqueren an der Ampel die Herdecker Straße. Auf der anderen Seite begrüßt uns linker Hand eine Radfahrerinnen-Skulptur. Wenn rechter Hand das italienische Restaurant Pizzapoint erscheint, halten wir uns am Kreisverkehr links und biegen sofort auf den Fuß- und Radweg ab. Hier gibt es linker Hand auch einen Norma-Supermarkt. Wir gelangen zum Kulturzentrum Werk-Stadt, biegen rechts ab und bei Erreichen der Mannesmannstraße sofort links. An der Ampel geht es rechts in die Ardeystraße. An der nächsten Ecke biegen wir rechts in die Pferdebachstraße ab und vor der Sparkasse links in die Schlachthofstraße.

Grenzverkehr An der nächsten Ecke geht es rechts in die Straße Ledderken. Wir halten uns am Parkplatz halbrechts auf den Fuß- und Radweg, der uns zurück auf den Rheinischen Esel bringt. Bei Erreichen der ehemaligen Bahntrasse halten wir uns links und folgen dem selbsterklärenden Weg über die A44 hinweg. Nach knapp 19 gefahrenen Kilometern liegt unter einer Rundbogenbrücke die Stadtgrenze von Witten und Bochum. Am nächsten Abzweig am Radknotenpunkt 18 halten wir uns rechts Richtung Dortmund. Zwischen Feldern und Wiesen ge-

Links: Radskulptur auf dem Rheinischen Esel

Rechts: Kunstobjekt „Zur kleinen Weile“

langen wir in einem Linksbogen an die Sieben-Planeten-Straße. Hier halten wir uns rechts und kommen zum Wittener Stadtteil Stockum. An der T-Kreuzung geht es links in die Dürener Straße. An der folgenden Kreuzung rollen wir nach links und erreichen den Dortmunder Stadtteil Somborn.

Schmechtingsbach-Uferweg Wir fahren über die Straße Dünnebecke. Nachdem wir zwei Brücken unterfahren haben, biegen wir rechts in die Somborner Straße ab. Wir radeln unter der A40 hindurch, erreichen den Dortmunder Stadtteil Lütgendortmund und halten uns rechts. Vor dem ersten Haus geht es sofort rechts auf einen Fuß- und Radweg, den Schmechtingsbach-Uferweg. Wenn wir wieder auf eine Straße treffen, den Lütgendortmunder Hellweg, halten wir uns rechts und an der Ampel sofort links in die Straße Kesselborn. Wir kommen zum Dortmunder Stadtteil Marten. Nach einer Brücke über den Schmechtingsbach biegen wir links ab in den Fuß- und Radweg durch eine Grünanlage. Wenn wir auf die Idastraße treffen, halten wir uns rechts.

Schlosspracht Die Idastraße bringt uns hinaus aus Lütgendortmund. Wir treffen auf die Martener Straße, überqueren die-

Rheinischer Esel in Witten

se geradeaus und folgen dem Mergelkopfweg. An der Kreuzung im Wald rollen wir geradeaus weiter, kommen im Rechtsbogen zum Haus Dellwig. Im Wirtschaftsgebäude ist das Heimatmuseum Lütgendortmund untergebracht. Wir biegen links durch die Toreinfahrt ab. An der nächsten Möglichkeit halten wir uns vor dem Wald rechts auf die Dellwiger Straße. Wenn der Weg sich gabelt, halten wir uns links. Wenn wir nach den Begrenzungspfosten auf eine Gabelung treffen, geht es rechts in die Heribertstraße. Wenn diese nach links abschwenkt, biegen wir rechts ab in die Spielstraße, den Rathoffsweg. Dieser geht in die Hangeneystraße über. An der beampelten Kreuzung biegen wir rechts ab auf den Bärenbruch und nach dem Tunnel links auf den Fuß- und Radweg. An der nächsten Gabelung halten wir uns an den Begrenzungspfeilern halb links. Es geht wieder durch ein Waldstück.

Revierpark Wir nehmen den zweiten Abzweig nach links und halten uns an der T-Kreuzung nach rechts und an der nächsten Kreuzung links die Rampe hinauf. Wir überqueren den Roßbach und fahren nach links auf den Radweg Richtung Revierpark Wischlingen. An der nächsten Gabelung halten wir uns links und rollen unter der A45 hindurch. Wenn rechter Hand ein Friedhof liegt, halten wir uns an der Gabelung links, biegen links ab auf die Zuwegung und sofort wieder links auf den Wischlinger Weg. Rechter Hand befindet sich der Revierpark Wischlingen (Höfkerstraße 12, 44149 Dortmund, Tel. 0231/91707167, www.wischlingen.de). Die weitläufige Parkanlage verfügt u.a. über ein Solebad und eine Saunalandschaft, einen Klettergarten und eine Eishalle. Wir überqueren die Mallinckrodtstraße mithilfe einer Brücke und fahren rechts auf den Fuß- und Radweg. Dieser verläuft parallel zur Mallinckrodtstraße.

Heimatmuseum Lütgendortmund

Zur kleinen Weile Wir treffen auf die Arminiusstraße, überqueren diese geradeaus und folgen weiter dem Radweg. Wenn wir auf die Huckarder Straße treffen, biegen wir an der Ampel rechts ab. Nachdem wir unter den Brücken hindurch sind, halten wir uns an der Ampel links, überqueren die Dorstfelder Allee und biegen rechts auf den Emscherradweg ab. Wenig später findet sich linker Hand mit „Zur kleinen Weile“ ein Kunstobjekt. Das Berliner Künstler- und Architekturbüro Raumlabor entwarf die begehbare Skulptur, die wie ein unförmiger Hinkelstein anmutet. Von innen glänzt sie golden und bietet je nach Jahreszeit Licht und Wärme oder Kühle und Schutz.

Zurück nach Dorstfeld Wir folgen dem selbsterklärenden Emscher-Weg. Nachdem wir eine Reihe von eng nebeneinander stehenden Brücken unterfahren haben, linker Hand ein bunt gestaltetes Pumpenhaus erscheint und eine kleine Brücke nach links über die Emscher führt, halten wir uns rechts. Es folgt ein kleiner Anstieg, der uns an die Dorstfelder Allee bringt. Mithilfe der Ampel überqueren wir diese und folgen dem Radweg entlang der Straße Kortental. Kurz nach dem Ortseingang von Dortstfeld biegen wir rechts auf den Weg ab, der uns zurück zum Ausgangspunkt am Bahnhof Dorstfeld bringt.

Ruhrgebiet-Erfahrung: Haus Dellwig

Haus Dellwig (Dellwiger Straße 130, 44388 Dortmund) im Dortmunder Stadtteil Lütgendortmund datiert vermutlich aus dem 14. Jahrhundert. Das Wasserschloss, bis 1727 Stammsitz der Familie von Dellwig und heute im Besitz der Stadt Dortmund, besteht aus einem öffentlich nicht zugänglichen Herrenhaus, das sich aus einer 80 Meter breiten Gräfte erhebt sowie einer vorgelagerten Vorburg. Im Wirtschaftsgebäude ist das Heimatmuseum Lütgendortmund untergebracht (Dellwiger Straße 130, 44388 Dortmund, Tel. 0231/ 60 41 86, www.museum-luedo.de, Mai – Okt.: So u. feiertags 11–14). In sechs Räumen zeigt dieses einen Blick in das Leben zu Beginn des 20. Jahrhunderts. Neben Möbeln und Alltagsgegenständen sind landwirtschaftliche und handwerkliche Geräte ausgestellt.

20

Landpartie im Hammer Westen

Rund um Rhynern

leicht | 21,2 km | 92 Hm | 1.25 Std.

Highlight: Haus Hohenover

Ausgangs- und Endpunkt
Parkstreifen in der Straße Am Sportplatz in Hamm-Rhynern

GPS
51.634715, 7.864618

Anfahrt
Von der Autobahnausfahrt Hamm-Rhynern geht es über die B 63 (Werler Straße) Richtung Hamm, dann rechts nach Rhynern in die Unnaer Straße. Deren Verlauf folgen. Die Straße wird erst zur Reginenstraße und dann zur Straße An der Lohschule. Nach einem kleinen Waldstück befindet sich linker Hand die Straße Am Sportplatz.

Tourencharakter
Die entspannte Landpartie führt nahezu komplett über kleine, ruhige Nebenstraße und Forstwege beziehungsweise gut ausgebaute Radwege. Die Zahl der Anstiege ist überaus überschaubar.

Informationen
www.hamm.de/tourismus
www.hamm.de/radtouristik
www.ruhr-tourismus.de

Rhynern, Hamms größter Stadtbezirk, ist ländlich-agrarisch geprägt und wird von Wäldern, Wiesen und Feldern dominiert. Die abwechslungsreiche Landschaft lädt zu einer genussvollen Rundtour ein.

Zickzack durch Westtünnen Startpunkt ist auf dem Parkstreifen in der Straße Am Sportplatz vor der Viactiv Arena. Mit dem Fußballplatz im Rücken halten wir uns nach links und an der ersten Gabelung nach rechts in die Straße Tünner Blick. Bei klarer Sicht ist von hier auf der rechten Seite der Glaselefant im Hammer Maxipark zu erkennen. An der T-Kreuzung geht es links in die Straße Weingarten und wenig später rechts in die Bergstraße. Ihr folgen wir bis zum Ende, biegen an der T-Kreuzung rechts ab in den Südfeldweg, um zwischen Feldern hindurch Richtung Westtünnen zu rollen. Wir überqueren den Bahnübergang und halten uns an der Stoppstraße links in die

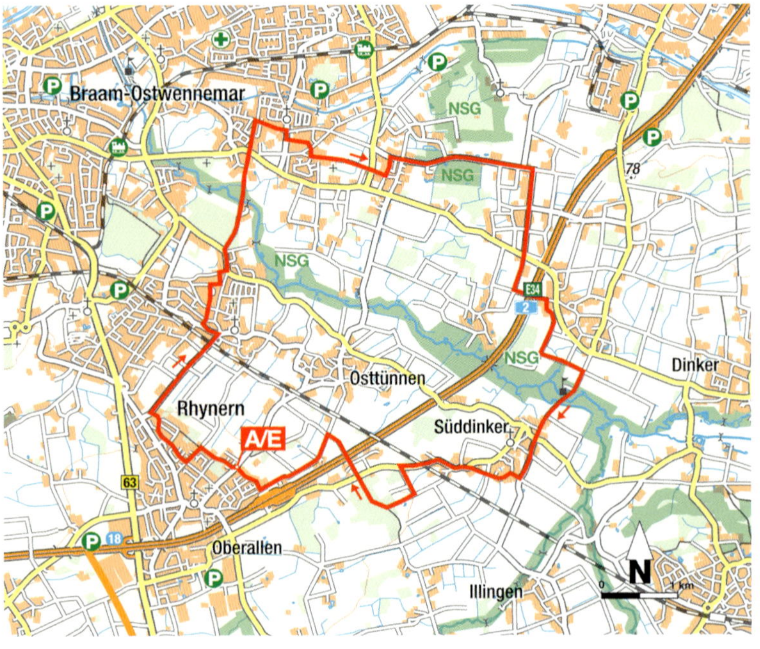

Das Ufer der Ahse

Von-Thünen-Straße und an der nächsten Möglichkeit rechts in die Robert-Stolz-Straße. Wir rollen über die Dietrich-Bonhoefer-Straße und die Brehmstraße geradeaus hinweg und folgen der Linckestraße. An deren Ende biegen wir an der T-Kreuzung rechts in die Künnekestraße ab und wenig später links in die Ziehrerstraße. Dieser folgen wir vorbei an einigen Garagen bis zum Ende und biegen rechts ab in den Pählenweg. An der nächsten Ecke geht es links in die Dambergstraße und danach links in den Caldenhoferweg. Wenn dieser nach links abknickt, halten wir uns rechts in die Straße Im Hüls – nicht in die Straße An der Ahse! – und rollen geradeaus in den Wald.

Über die Ahse Dort, wo die Straße nach rechts abknickt, halten wir uns links und sofort rechts auf den Fuß- und Radweg. Wir überqueren die Ahse und rollen durch eine Grünanlage. Der Fuß- und Radweg geht in die Straße Im Schiffswinkel über. Wir überqueren die Soester Straße, um dem Neuenkamp zu folgen. An der zweiten Möglichkeit biegen wir rechts ab in den Kirchweg, wo uns eine alte Arbeitersiedlung des Hammer Stadtteils Braam-Ostwennemar begrüßt. An der Ampel biegen wir rechts ab in die Ostwennemarstraße und nach dem Fußballplatz links in den Weg Am Schwimmbad. Wir folgen der Straße bis zum Ende, biegen rechts ab in die

Guten Appetit

Wenige Hundert Meter abseits der Rundroute liegt das *Landgasthaus Splietker* (In Süddinker 36, 59069 Hamm, Tel. 02385/2340). Das Traditionsrestaurant mit großem Biergarten serviert vornehmlich westfälische Küche. Hinzu kommen klassische Schnitzel-Kreationen, saisonale Fisch-, Wild- oder Spargel-Spezialitäten.

Felder entlang der Baumstraße

Brandheide und an der zweiten Möglichkeit nach links in die Bimbergsheide. Wenn die Straße sich gabelt, halten wir uns links und rollen auf die Vorfahrtsstraße zu und überqueren die Braamer Straße geradeaus.

Inmitten von Feldern An der nächsten Möglichkeit biegen wir links ab in die Straße Im Griesenbruch. An deren Ende geht es an der T-Kreuzung rechts in die Baumstraße. Felder, Wiesen und einige hübsche Gehöfte prägen die Route in diesem Abschnitt. Wir treffen auf eine abknickende Vorfahrtsstraße, rollen geradeaus und an der nächsten abknickenden Vorfahrtsstraße folgen wir dieser nach rechts und strampeln über die Straße Im Tal. Wir überqueren die Soester Straße und halten uns in die Anliegerstraße, wo es auch zum Haus Nummer 426 ausgeschildert ist. An der ersten Möglichkeit zwischen den Feldern biegen wir links ab in den Heitkampweg, um mithilfe der Brücke über die A2 zu gelangen. Nach dem ersten Haus biegen wir rechts ab in die Straße Brauck. Wir ignorieren den ersten Abzweig nach links, um an der zweiten Möglichkeit links abzubiegen.

Ritterlich An der Kreuzung, wo es links zum Haus „Brauck 5“ ausgeschildert ist, biegen wir rechts ab in die Rhynerstraße. Etwa bei Kilometer 14,5 passieren wir den ehemaligen Rittersitz Haus Hohenover und überqueren abermals die Ahse. Auf dem gut ausgebauten Radweg erreichen wir Süddinker, überqueren den Caldenhofer Weg und folgen der Illinger Straße. Weniger später säumen historische Brückenköpfe die Strecke. Diese sind Teil der von den Nationalsozialisten geplanten

Ruhrgebiet-Erfahrung: Haus Hohenover

Inmitten einer Auenlandschaft entlang der Ahse liegt mit Haus Hohenover (Rhynernstraße 2, 59071 Hamm) ein verstecktes Juwel in Form eines ehemaligen Rittersitzes, der bereits im Mittelalter urkundlich erwähnt wurde. Die Gräftenanlage ist weitgehend erhalten, während vom einstigen Wasserschloss nur noch das Herrenhaus existiert. Dabei handelt es sich um einen zweigeschossigen Backsteinbau mit Eckpilastern. Seit 1872 befindet sich das Haus Hohenover im Privatbesitz.

Haus Hohenover

Reichsautobahn, die als „Strecke 77“ Hamm über Kassel und Eisenach mit Dresden verbinden sollte. Kriegsbedingt wurde das Projekt jedoch nie beendet.

Durch Süddinker Wir halten uns an der nächsten Möglichkeit rechts in die Straße Im Hagen. An der darauffolgenden T-Kreuzung halten wir uns links und folgen weiter der Straße Im Hagen. Wenn wir auf eine Vorfahrtsstraße (In Süddinker) treffen, biegen wir erneut links ab. Wer hier rechts abbiegt und der Straße In Süddinker für ca. 380 Meter folgt, gelangt zum *Landgasthaus Splietker*. Die Straße In Süddinker führt uns über Bahngleise und wird zur Straße Im Zengerott. Nach einem Anstieg fahren wir an der ersten Möglichkeit links in den Wald.

Tünner Berg Wir rollen aus dem Wald hinaus zwischen Feldern hindurch und biegen an der T-Kreuzung nach rechts ab. Nachdem wir im Wald zwei Begrenzungspfosten passiert haben, biegen wir an der ersten Möglichkeit rechts ab. Der Weg bringt uns aus dem Wald hinaus. Wir überqueren die Straße Im Zengerott und folgen der Straße Am Tünner Berg über die A2 hinweg. An der ersten Möglichkeit geht es links in den Osttünner Berg. Es folgt ein langer Anstieg, und nachdem wir die Zufahrt zum Rasthof Rhynern passiert haben, halten wir uns rechts in die Weidenhecke. Wenn diese sich gabelt, halten wir uns rechts. An der T-Kreuzung geht es links in die Straße An der Lohschule und sofort rechts in die Straße Am Sportplatz, wo der Ausgangspunkt wieder erreicht ist.

21

Kloster-Kult und Alpen ohne Berge

Rund um Rheinberg, Kamp-Lintfort und Alpen

mittel | 37,5 km | 188 Hm | 3.30 Std.

Highlight: Kloster Kamp mit Gärten

Ausgangs- und Endpunkt
Bahnhof Rheinberg

GPS
51.542500, 6.591667

Anfahrt
Der Bahnhof Rheinberg ist mit der Regionalbahnlinie RB 31 von Xanten, Moers und Duisburg zu erreichen.

Tourencharakter
Gut ausgebaute Radwege und ausgedehnte Wälder kennzeichnen den Rundweg, auf dem es nur wenige kurze Anstiege zu bewältigen gilt.

Informationen
www.rheinberg.de
www.niederrhein-tourismus.de
www.alpen.de
www.ruhr-tourismus.de

Dass Alpen keine Berge haben müssen und niederländisch geprägt sein können, wird auf dieser Rundtour von und nach Rheinberg deutlich.

Magenbitter zum Auftakt Vom Parkplatz am Bahnhof in Rheinberg rollen wir über die Bahnhofstraße. Wenn wir auf die Hauptstraße – ebenfalls die Bahnhofstraße – treffen, halten wir uns rechts und überqueren die Bahngleise. Hier liegen nebeneinander Edeka und Lidl. Am mit einer auffälligen Skulptur verzierten Kreisverkehr halten wir uns links in die Alte Landstraße. Das von Ludger Jackowiak geschaffene Kunstwerk im Kreisverkehr soll eine flaggengekrönte Underberg-Flasche darstellen. Denn der berühmte Magenbitter stammt aus Rheinberg, wo er seit 1846 hergestellt wird. Wir nutzen den Radweg an der Alte Landstraße vorbei am Lager des Versandriesen Amazon.

See sehen Nachdem wir die Gleise überquert haben und unter einer Brücke hindurch sind, halten wir uns rechts in die Grafstraße. Links und rechts der Straße liegen zwei Baggerseen. Wir rollen unter der A57 hindurch. Die Grafstraße geht in die Asdonkstraße über. An der ersten T-Kreuzung folgen wir der abknickenden Vorfahrt nach rechts und an der zweiten T-Kreuzung nach links in die Hedgestraße. Wir treffen auf die Rheinberger Straße (B510), die wir überqueren, um der Hornenheidchenstraße zwischen Feldern und Wiesen hindurch zu folgen. Wenn die Hermann-Löns-Straße nach rechts abknickt, rollen wir geradeaus auf die Windmühle ohne Mühlenblätter zu und überqueren die folgende Kreuzung geradeaus. Wir treffen auf die Saalhofferstraße, überqueren diese und folgen der Kirchstraße. Auf dieser passieren wir wenig später das Club-Restaurant des Golfclubs Am Kloster Kamp.

Klosterbesuch An der Gabelung vor dem Wald halten wir uns links in die Sackgasse und folgen dem breiten Pfad durch den Wald. Wenn der Weg sich nach ein paar Begrenzungspfeilern gabelt, fahren wir rechts und folgen dem leichten Anstieg. Wir treffen schließlich auf die Rheinberger Straße, überqueren diese

Kloster Kamp mit Barockgarten

und folgen der Klosterstraße zum Kloster Kamp. Von dort geht es zurück über die Klosterstraße bis zur Ecke Rheinberger Straße, wo wir links abbiegen. An der ersten Möglichkeit – Achtung, der Abzweig ist leicht zu übersehen – biegen wir rechts ab in den Wald. Dort ist es Richtung Issum und Alpen ausgeschildert. Wenn ein breiter Weg nach links abzweigt, rollen wir weiter geradeaus. Auch den nächsten Abzweig nach rechts ignorieren wir. Wir treffen auf die Altfelder Straße, die wir geradeaus überqueren, und gelangen zur Ortschaft Niederkamp.

Einkehr in Issum Wir folgen dem Verlauf der Niederstraße erst nach rechts und dann geradeaus in den Wald hinein. An der T-Kreuzung im Wald halten wir uns rechts. An der nächsten T-Kreuzung fahren wir vor dem *Baerlag-Hof* nach rechts. Wenn wir auf eine T-Kreuzung treffen, halten wir uns links auf den Baerlagweg und an der nächsten Möglichkeit rechts auf den Fuß- und Radweg. Es gilt, einen kurzen Anstieg zu bewältigen, während wir dem Weg durch den Wald folgen. An den nächsten beiden Kreuzungen im Wald fahren wir geradeaus und rollen auf einen durch Poller abgetrennten Parkplatz zu.

Guten Appetit

Traumhaft schön, fast in der Mitte vom Nichts liegt der *Baerlag-Hof* (Hochwald 38, 47661 Issum, Tel. 02835/3307). Neben hausgemachten Pfann- und Reibekuchen gehören Sellerieschnitzel, niederrheinisches Rindergulasch und Flöns (Bratwurst mit Speckstückchen) zu den Spezialitäten des Hauses.

Rathaus in Rheinberg

Flache(s) Alpen Wir treffen auf die Xantener Straße und überqueren sie geradeaus, um weiter auf dem Stappweg durch den Wald zu strampeln. An den nächsten beiden Kreuzungen im Wald fahren wir jeweils weiter geradeaus. Nach einem kleinen Anstieg biegen wir rechts ab durch die Begrenzungspoller. Unmittelbar bevor wir vor einem Haus wieder auf eine Straße (Rheinberger Straße) treffen, säumen einige Holzskulpturen den Weg. An der nächsten Möglichkeit geht es links in den Dahlackerweg. Wenn wir auf ein Rondell treffen, folgen wir der Spielstraße geradeaus. An der nächsten Gabelung – hier liegt linker Hand ein Brunnen – halten wir uns nach links. Wir über-

Ruhrgebiet-Erfahrung: Kloster Kamp

Kloster Kamp (Abteiplatz 13, 47475 Kamp-Lintfort, www.kloster-kamp.eu, Abteikirche tgl. 9–17, Museum Di–Sa 14–7, So u. feiertags 11–17, Terrassengarten: Apr. – Sept. ab 8, Okt. – Mrz. ab 9 bis Sonnenuntergang) gilt als das erste deutsche Zisterzienserkloster. Vor allem in den Anfängen bildete es das geistige Zentrum der Region. Den besten Überblick über die Vergangenheit des Klosters verschafft man sich im Museum, das im ehemaligen Agatha-Stift untergebracht ist.

queren die nächste Kreuzung geradeaus und kommen zum Adenauerplatz. Rechter Hand befindet sich eine Grünanlage mit zentraler Skulptur. An der nächsten Kreuzung biegen wir rechts ab in die Lindenallee, die kurz darauf zur Burgstraße wird. Es geht durch das Zentrum von Alpen. Wenn wir auf die B58 (Weseler Straße) treffen, überqueren wir sie mithilfe der Ampel geradeaus und folgen der Drüpter Straße. Achtung, hier gibt es für ein Stück keinen Radweg! Wir überqueren die Xantener Straße geradeaus und bleiben weiter auf der Drüpter Straße. Auf dem Radweg gelangen wir nach Borth, einem Ortsteil von Rheinberg. Wenn wir auf eine Vorfahrtsstraße treffen, biegen wir rechts in die Borther Straße und kurz darauf links ab. Dort ist es auch Richtung Wallach ausgeschildert. Wir rollen über die Wallacher Straße. Wenig später ist mit Wallach der nächste Ortsteil von Rheinberg erreicht.

Rhein bei Rheinberg

Rheinblick und Altstadt-Flair Kurz nach Erreichen des Ortseingangs steht linker Hand ein ausrangierter Kohlewagen. Wir halten uns nach der Kirche rechts in die Wilhelmstraße. Wenn wir auf einen Damm treffen, fahren wir die Rampe hinauf und rechts Richtung Rheinberg. Wenn der Weg sich gabelt, halten wir uns rechts. Vor einer Schranke, hier ist der Knotenpunkt 91, halten wir uns links und überqueren die Gleise. An der nächsten Möglichkeit halten wir uns links an einer Schranke und folgen dem kurzen Anstieg. Auf dem Damm gelangen wir im Bogen in Sichtweite des Rheins. In Höhe des Knotenpunktes 99 biegen wir rechts ab. Hier ist es auch Richtung „Rheinberg Altstadt" ausgeschildert. Wir folgen der Straße Orsoy-Land. An der T-Kreuzung halten wir uns links in die Rheinstraße. Wenn wir auf die Moerser Straße treffen, überqueren wir sie geradeaus und folgen weiter dem Radweg, der halb rechts weitergeht. Wenn wir wieder auf die Rheinstraße treffen, biegen wir links ab und fahren an der abknickenden Vorfahrt geradeaus. Wir kommen in die Altstadt von Rheinberg mit dem schmucken Rathaus und dem prächtigen Marktplatz. Nach dem Rathaus biegen wir rechts ab in die Gelderstraße. Diese trifft schließlich auf die Bahnhofstraße. Wir fahren weiter geradeaus. Unmittelbar vor den Gleisen biegen wir rechts ab, um zurück zum Ausgangspunkt am Bahnhof von Rheinberg zu gelangen.

22

Landpartie im Drei-Städte-Eck

Rund um Dorsten

mittel | 36,4 km | 112 Hm | 2.20 Std.

Highlight: Jüdisches Museum in Dorsten

Ausgangs- und Endpunkt
Bahnhof Dorsten

GPS
51.658333, 6.970556

Anfahrt
Der Bahnhof Dorsten ist Haltepunkt zahlreicher Regionalbahnlinien, u. a. der RE 14 von Essen, Bottrop oder Gladbeck aus sowie der RB 43 von Gelsenkirchen, Herne oder Dortmund (www.bahn.de).

Tourencharakter
Gut ausgebaute Radwege und ruhige Nebenstraßen sowie landwirtschaftliche Nutzwege bestimmen den Streckenverlauf. Die wenigen Anstiege stellen auch für wenig Geübte keine große Herausforderung dar.

Informationen
www.ruhr-tourismus.de
www.stadtinfo-dorsten.de
www.dorsten.de
www.marl.de

Dorsten, Marl und der Stadtrand von Gelsenkirchen gilt es bei dieser entspannten Landpartie zu entdecken. Dominiert wird die Rundroute von Naturschutzgebieten, ausgedehnten Wäldern, Feldern und Wiesen.

Geschichte des Judentums Startpunkt ist der Bahnhofsvorplatz in Dorsten. Wir rollen über die Julius-Ambrunn-Straße am Busbahnhof vorbei und halten uns vor der Ampel rechts auf den Radweg parallel zur Gladbecker Straße (B 225). Wer hier geradeaus rollt und der Julius-Ambrunn-Straße für ein Stück folgt, gelangt zum Jüdischen Museum Westfalen. Wir überqueren jedoch mithilfe der Ampel die Vestische Allee und folgen dem Radweg parallel zum Willy-Brandt-Ring. Wir passieren das Einkaufszentrum Mercaden und nehmen die Brücke über den Wesel-Datteln-Kanal. Nachdem wir die Lippe überquert haben, biegen wir rechts ab auf den Radweg Richtung Marl.

Lippe im Blick Wir folgen dem Damm mit Blick auf den Fluss. Vor Erreichen der blauen Brücke, etwa in Höhe des Hauses Nummer 89, fahren wir die Rampe hinunter und halten uns rechts. Der Weg geht zunächst in die Wasserstraße, dann in die Ellerbruchstraße über. Wir folgen der Ellerbruchstraße nach links bis zur Vorfahrtsstraße. Dort halten wir uns nach rechts in die Glück-auf-Straße. Unmittelbar vor der Bushaltestelle Lerchenweg biegen wir links ab, überqueren den Hellweg und die Halterner Straße geradeaus, um der Straße Wenger Höfe durch den Stadtteil Hervest zu folgen. Wir rollen über die Gleise und folgen dem Weg zwischen Feldern und Wiesen. Wir rollen auf einen Bauernhof zu und biegen an der T-Kreuzung rechts ab in den Brauckweg. An der folgenden T-Kreuzung halten wir uns links auf die Alte Hervester Straße. An der nächsten Möglichkeit biegen wir rechts ab auf den land- und forstwirtschaftlichen Weg (ebenfalls Brauckweg) durch ein Waldstück.

Willkommen in Hervest Wenn der Radweg nach rechts abzweigt, ignorieren wir dies und bleiben auf dem breiten Weg.

Jüdisches Museum in Dorsten

An der folgenden T-Kreuzung geht es rechts. Wir überqueren einen Bahnübergang und biegen links ab auf die Halterner Straße. Wir nutzen den ersten Abzweig, um in die Straße Orthöve abzubiegen. Wenn die Straße sich gabelt, halten wir uns rechts und sofort wieder rechts, um der Orthöve zwischen Feldern und Wiesen hindurch zu folgen. Wenn die Straße sich gabelt, rollen wir weiter geradeaus. Ebenso an der nächsten Gabelung. Wir erreichen den Ortseingang von Hervest – rechter Hand liegt eine kleine Kapelle – und wir rollen geradeaus durch den Wald. Die Orthöve geht in die Glück-auf-Straße über. Wir biegen links in die Petrusstraße ab und treffen auf die Dorfstraße, in die wir links abbiegen. An der Ecke liegt der *Jägerhof Einhaus*, ein Hotel mit Restaurant und Biergarten. Ein kleines Stück weiter erhebt sich auf der linken Seite die Pauluskirche. Wir

Ruhrgebiet-Erfahrung: Jüdisches Museum Westfalen

Das Jüdische Museum Westfalen (Julius-Ambrunn-Str. 1, 46282 Dorsten, Tel. 02362/45279, www.jmw-dorsten.de, Di–Fr 10–12.30, 14 –17, Sa, So u. feiertags 14–17) beherbergt eine Sammlung von Alltags- und Kulturgegenständen sowie Dokumente des deutschen Judentums. Die Exponate lassen das religiöse Leben, besondere Feste und den Alltag der in Westfalen lebenden Juden lebendig werden. Im angeschlossenen Lehrhaus geben regelmäßige Veranstaltungen vertiefende Einblicke in die Vergangenheit und befassen sich mit allgemeinen Fragen über Toleranz und Humanität im Zusammenleben verschiedener Kulturen und Religionen.

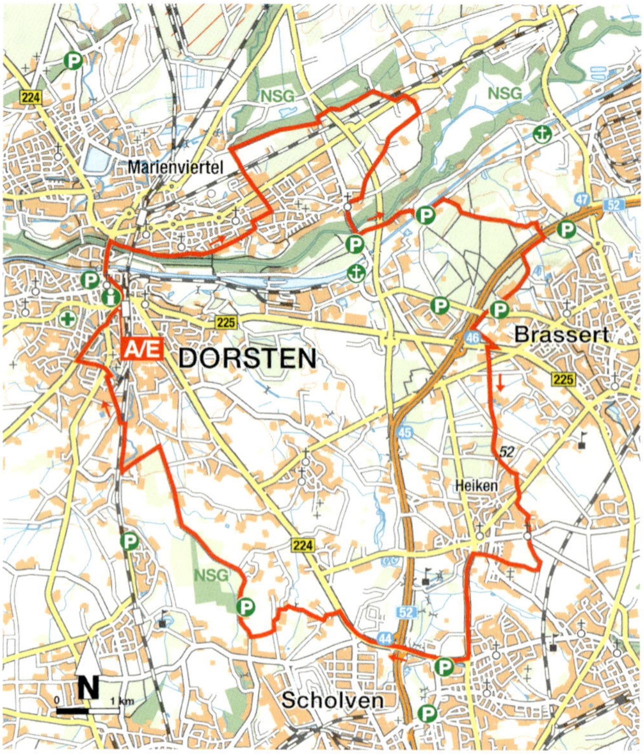

folgen der Dorfstraße in Richtung Polsum. Nachdem wir die Lippe überquert haben, biegen wir links in die Straße Am Kanal. Wenig später liegt rechter Hand das Restaurant *Haus Gloe*.

Landpartie Wenn die Straße sich gabelt, halten wir uns rechts und rollen mithilfe einer Brücke über den Wesel-Datteln-Kanal. An der Gabelung geht es links und wenig später rechts in die Forststraße. Wir folgen dieser durch den Wald. Nach einem Bauernhaus geht es rechts in eine Sackgasse. Hier ist es mit „Forsthausstraße 45“ ausgeschildert. Die Straße geht in einen Fuß- und Radweg über, der uns unter der A52 hindurchbringt. Danach halten wir uns sofort rechts. Der Radweg verläuft ein Stück parallel zur Autobahn, schwenkt dann nach links zwischen Feldern und Wiesen ab. Wenn wir auf die Hervester Straße treffen, überqueren wir sie geradeaus und rollen über den Wittebergweg. Wenn wir auf die B225 (Dorstener Straße) treffen, halten wir uns rechts. An der nächsten Möglichkeit geht es links in die Rennbachstraße. Wir überqueren die nächste Vorfahrtsstraße, die Schachtstraße, geradeaus. An der folgenden Gabelung halten wir uns rechts auf den Hilgenort. An der nächsten Kreuzung rollen wir nach links, um weiter dem Hilgenort zu folgen. Wir halten uns wenig später rechts in die Stra-

ße Am Diekkamp, treffen auf die Polsumer Straße, überqueren sie geradeaus und folgen der Höfestraße. Nach einer langgezogenen Linkskurve halten wir uns an der nächsten Möglichkeit nach rechts, überqueren den Kötterweg. Rechter Hand liegt hier die Kapelle „Unter den vier Linden".

Links: Lippe bei Hervest

Rechts: Jägerhof Einhaus in Hervest

Richtung Gelsenkirchen Wir rollen geradeaus über die Bertlicher Straße hinweg. Wenn linker Hand ein Jesus-Kreuz steht, halten wir uns rechts. Wir folgen dem Hellweg durch Marl-Polsum. Wenn wir auf die Friedhofstraße treffen, überqueren wir sie geradeaus und setzen den Weg auf dem Oberkamp fort. An dessen Ende halten wir uns links auf den Radweg parallel zur Buerer Straße Richtung Gelsenkirchen-Buer. Diese geht in die Polsumer Straße über. An der beampelten Kreuzung halten wir uns rechts auf den Radweg an der Ulfkotter Straße. An der Ampel Ecke Lüttringhofstraße wechselt der Radweg auf die andere Straßenseite. Wir rollen abermals

Guten Appetit

Das Restaurant *Haus Gloe* (Am Kanal 333, 45768 Marl, Tel. 02365/622 84) liegt zwischen Lippe und Wesel-Datteln-Kanal. Das Haus verfügt über einen großen Biergarten unter Platanen und serviert Balkanspezialitäten.

Ostgraben in der Innenstadt von Dorsten

über die A52 hinweg. Schließlich biegen wir links ab in den Fünfhäuserweg. An der Ecke liegt eine kleine Kapelle.

Natur pur Wenn der Weg sich gabelt, halten wir uns links und biegen an der nächsten Möglichkeit rechts ab in die Schlüpfstraße. Wenn diese geschottert geradeaus weiterläuft, halten wir uns links, an der T-Kreuzung abermals links und an der nächsten Möglichkeit nach rechts in die Buerelterstraße. Wir folgen der Straße durch den Wald. Etwa nach 32 gefahrenen Kilometern biegen wir links ab in die Ostlandstraße. Diese bringt uns zum Ortseingang von Dorsten. Vor dem Bahnübergang halten wir uns rechts auf die Grenzstraße und rollen parallel zu den Gleisen. Die Schienen überqueren wir an der Wilhelm-Norres-Straße.

Zurück zum Start Wenn der Weg sich gabelt, folgen wir der Wilhelm-Norres-Straße geradeaus. Wir überqueren die Bussardstraße geradeaus und halten uns an der T-Kreuzung nach rechts und an der nächsten T-Kreuzung direkt vor der Bushaltestelle nach links in die Straße In der Miere. Wir überqueren die Gladbecker Straße und biegen an der nächsten Ampel rechts ab auf den Radweg an der Kirchhellener Allee. An der nächsten Ampel überqueren wir abermals die Gladbecker Straße und halten uns links auf den Radweg. Rechter Hand liegt hier ein Kletterpark. Nach dem McDonald's halten wir uns rechts in die Johann-Ambrunn-Straße und gelangen zurück zum Ausgangspunkt am Bahnhof von Dorsten.

Rechts: Pauluskirche in Hervest

Schermbeck 13

23

Weltkulturerbe erfahren

Auf zwei Rädern zur schönsten Zeche der Welt

leicht | 13,8 km | 135 Hm | 2.30 Std.

Highlight: Zeche Zollverein

Ausgangs- und Endpunkt
Hauptbahnhof Essen

GPS
51.451389, 7.013889

Anfahrt
Der Hauptbahnhof Essen ist an das ICE-Netz angeschlossen und zudem Halt zahlreicher Regional- und S-Bahnlinien.

Tourencharakter
Die Route führt quer durch Essen in den Norden der Stadt. Das Gros der Strecke verläuft über wenig befahrene Neben- und Fahrradstraßen.

Informationen
www.visitessen.de
www.essenerfahren.de
www.hattingen.de
www.ruhr-tourismus.de

Die vermeintlich einst schönste Zeche der Welt, das UNESCO-Weltkulturerbe Zeche Zollverein, ist der Höhepunkt der Rundtour durch den Essener Norden.

Durch die Innenstadt Startpunkt ist der Willy-Brandt-Platz. Mit dem Hauptbahnhof im Rücken rollen wir auf das Bekleidungsgeschäft Ansons zu und nehmen die linke der beiden Straßen (nicht links nach dem Kaufhof abbiegen). Wir folgen der Rathenaustraße zum neobarocken Grillo-Theater. Wir passieren das Theater und biegen an der ersten Möglichkeit rechts ab in die Straße „I. Hagen". Kurz bevor wir auf den Kennedyplatz kommen, halten wir uns links. An der nächsten Möglichkeit, nach Stratmanns Theater, biegen wir rechts ab. Rechter Hand liegt der Kennedyplatz.

Pop-Art im Gotteshaus Wir kreuzen die Brandstraße und fahren über die Straße Schwarze Horn geradeaus. Wir kreuzen die Limbecker Straße, die Fußgängerzone, und setzen den Weg geradeaus fort. Nun geht es über die I. Weberstraße auf die Kreuzeskirche zu. Prunkstück des ältesten Gebäudes in der nördlichen Essener Innenstadt sind Fenster von Pop-Art-Künstler James Rizzi. Wir überqueren die Kreuzeskirchstraße und rollen geradeaus über den Fuß- und Radweg. An der nächsten Möglichkeit biegen wir rechts ab in die Kastanienallee. Wir fahren entlang der Straße Pferdemarkt, rechts liegt das GOP Varieté-Theater. An der nächsten Möglichkeit biegen wir links ab. Linker Hand erhebt sich die Pfarrkirche St. Gertrud. Wir rollen geradeaus auf dem Fuß- und Radweg. Wir kommen zur Straße Viehofer Platz, überqueren diese und fahren die Altenessener Straße entlang. Wir überqueren die Kleine Stoppenberger Straße und folgen der Fahrradstraße geradeaus. Bei Kilometer 1,78 biegen wir rechts ab in die Beisingstraße.

Zwischen Grünanlage und Wald Wir überqueren die Eltingstraße und rollen entlang der Beisingstraße. Wir treffen auf die Stoppenberger Straße, überqueren diese mithilfe der Ampel

Sportplatz „Am Hallo"

und halten uns links. An der ersten Möglichkeit geht es rechts in die Straße Am Freistein. Linker Hand liegt eine Grünanlage mit Spielplatz. Mithilfe einer Ampel überqueren wir die Herzogstraße und rollen am Rand der Stoppenberger Straße entlang. Nachdem wir die Graf-Beust-Straße überquert haben, geht es ein kleines Stück geradeaus. Dann biegen wir rechts in den Fuß- und Radweg ab. Die geschotterte Piste steigt hier leicht an durch ein Waldstück. Wenn wir auf eine Kreuzung treffen, halten wir uns links.

Ein Hallo am Hallo Der Weg steigt wieder an und führt uns auf die Wallmannaue. Hier fahren wir weiter geradeaus. Rechter Hand liegen ein paar wenig ansehnliche Wohnblöcke. Die Straße geht wieder in einen Waldweg über. Vom Damm aus lässt sich auf der linken Seite immer wieder das Areal der Zeche Zollverein erkennen. Der Weg auf dem Damm führt an der Sportanlage Am Hallo vorbei. Nun folgt ein kurzer, steiler Anstieg. Nach diesem ist links eine Aussichtsplattform erreicht, von der aus sich ein herrlicher Blick auf das Weltkulturerbe Zeche Zollverein öffnet. An der ersten Gabe-

Guten Appetit

Auf dem Gelände des Weltkulturerbes Zeche Zollverein warten verschiedene gastronomische Einrichtungen. Empfehlenswert ist das von Lord Norman Foster gestaltete, höherpreisige *Casino Zollverein* (Schacht XII Halle 9, Gelsenkirchener Straße 181, 45309 Essen, Tel. 0201/83 02 40), das durch tolles Ambiente und exzellente Küche besticht.

lung nach den Sportplätzen halten wir uns links. An der zweiten Möglichkeit, vor einem Teich, biegen wir links ab. Wir rollen nun mitten durch den 30 Hektar großen Hallopark.

Vorbei am Tierfriedhof Wenn wir nach einem Fußballplatz auf eine Kreuzung treffen, halten wir uns links. Entlang der Radstrecke liegen hier Stationen eines Fitnessparcours und das Areal des Tierfriedhofs. Am Ende der Straße halten wir uns rechts, um dann direkt an der nächsten Möglichkeit links zu fahren

Ruhrgebiet-Erfahrung: Weltkulturerbe Zeche Zollverein

Essens kultureller Leuchtturm ist die 1986 stillgelegte und 2002 zum Weltkulturerbe erhobene Zeche Zollverein (Gelsenkirchener Straße, 45309 Essen, www.zollverein.de). Museen, Gastronomie, Design-Shops, Galerien, Ausstellungen sowie eine Reihe von Veranstaltungen erhalten durch die Architektur des Industriedenkmals eine besondere Atmosphäre. Blickfänge sind die Treppe zur einstigen Kohlenwäsche, die Kohlenwäsche selber sowie die Zollverein School. Zollverein diente von 1851 bis 1986 als Bergwerk und galt als modernste Steinkohlezeche Europas. In Spitzenzeiten standen hier 8000 Kumpel in Lohn und Brot. Der Haupteingang mit dem 55 Meter hohen Doppelbock-Fördergerüst liegt an der Gelsenkirchener Straße.

Links: Red Dot Design Museum

Rechts: Ruhrmuseum

und mithilfe der Querungshilfe die Straße zu überqueren. Es geht weiter auf dem Fuß- und Radweg durch ein Waldstück. An der ersten Wegekreuzung fahren wir geradeaus auf die vor uns liegenden Häuser zu, linker Hand sieht man das Ruhrmuseum und die Tram-Haltestelle Kapitelwiese. Nach der Haltestelle überqueren wir mithilfe der Ampel die Gelsenkirchener Straße nach links.

Strampeln im Welterbe Wir rollen entlang der Fritz-Schupp-Allee. Rechts liegen das Weltkulturerbe mit dem stattlichen Förderturm und der Besucher-Parkplatz. Im Rechtsbogen führt der Radweg direkt auf das Areal der Zeche Zollverein. Achtung! Hier sind Schienen im Boden, die besonders bei Nässe zu Rutschpartien führen können. Wir rollen unter der längsten Rolltreppe Europas durch und kommen am Ruhrmuseum vorbei. Etwa bei Kilometer 6,7 besteht die Möglichkeit, rechts abzubiegen: In 50 Metern Entfernung liegt der Gebäudekomplex des ehemaligen Kesselhauses mit dem Red Dot Design Museum mit der weltweit größten Ausstellung mit zeitgenössischem Design.

Kicken im Zechenpark Bei Kilometer 6,81 liegt rechts der erste Abschlagplatz für Soccer Golf, das hier auf dem Gelände kos-

Förderturm der Zeche Zollverein

tenfrei gespielt werden kann. Wenn wir auf eine T-Kreuzung treffen, biegen wir links ab und gelangen zur 1993 stillgelegten Kokerei. Diese bildet eines der Herzstücke des Weltkulturerbes. Die in den 1950er-Jahren errichtete Kokerei galt mit ihrer 600 Meter langen Koksofenbatterie und den mehr als 300 Öfen als eine der modernsten Anlagen Europas. Bis zu 1000 Malocher produzierten hier in Spitzenzeiten täglich 8000 Tonnen Koks. In einem Links-Rechtsbogen führt der Weg direkt am Rand der Kokerei vorbei. Bei Kilometer 7,48 liegt rechts der Bahnhof Kokerei Zollverein. Knapp 500 Meter weiter steht ein ungewöhnliches Kunstwerk, eine Treppe, die ohne Stützen ins Nichts zu führen scheint. Kurz nach der Treppe biegen wir rechts ab und rollen nicht (!) weiter auf die Kokerei zu. Hier an der Ecke liegt ein Modell, das das Zollverein-Gelände übersichtlich erklärt. Am Ende des Weges biegen wir links ab in die Straße Groß Westerkamp. Wir folgen ihr mit dem Gelände der Kokerei zur Linken. Am Ende der Straße biegen wir links in die Backwinkelstraße und am Kreisverkehr an der ersten Möglichkeit rechts ab. Die Straße, die wir nun entlangrollen, heißt Ahrendahls Wiese.

Zurück Richtung Innenstadt Nach ein paar Kleingärten geht es bei Kilometer 9,5 links in einen Fuß- und Radweg. Ihm folgen wir mit den Schrebergärten zur Linken. An der zweiten Möglichkeit biegen wir rechts ab und setzen unseren Weg geradeaus auf der Straße Winters Hove fort. Wir überqueren die Twentmannstraße geradeaus, um unseren Weg auf der Tuttmannstraße fortzusetzten. Nach einer Brücke biegen wir links ab in die Seumannstraße. Wir passieren die Kleingartenanlage des Gartenbauvereins Graf Beus und biegen nach dem Parkplatz links auf den Fuß- und Radweg ab. Unmittelbar bevor wir wieder auf eine Straße treffen, halten wir uns rechts.

Über den Pferdemarkt An der nächsten Ampel halten wir uns links und überqueren die Stoppenberger Straße. Auf der gegenüberliegenden Seite geht es an der Ampel sofort rechts. Wir überqueren die Herzogstraße und halten uns links auf der

Fahrradstraße. Wir folgen der Straße Am Freistein. Unmittelbar bevor wir abermals auf die Stoppenberger Straße treffen, halten wir uns links und an der Ampel rechts. Wir folgen nun der Beisingstraße geradeaus. An deren Ende biegen wir links ab in die Altenessener Straße. Wir kommen wieder zum Viehofer Platz und überqueren diesen an der Ampel. Nach der Kirche halten wir uns am GOP rechts. Wir fahren in den Pferdemarkt, überqueren die Rottstraße, folgen der Kastanienallee und biegen an der ersten Möglichkeit links in die I. Weberstraße ab.

Welterbe Zeche Zollverein

Endspurt Wir passieren die Kreuzeskirche und fahren geradeaus über die I. Weberstraße. Wenn der Gänsemarkt nach rechts abknickt, rollen wir geradeaus über die Straße Schwarze Horn. Wir überqueren die Limbecker Straße und den Kornmarkt und kommen zum Kennedyplatz. Wir radeln weiter geradeaus, leicht bergan. Wir folgen der Straße II. Hagen. Wenn die Straße nach rechts abknickt, halten wir uns links. Wir kommen zum Theaterplatz und rollen unter dem Torbogen am Grillo-Theater hindurch. Rechter Hand liegt kurz darauf der Hirschlandplatz. Bei Kilometer 13,45 biegen wir rechts ab in die Rathenaustraße. Diese bringt uns auf den Willy-Brandt-Platz und zurück an den Hauptbahnhof, wo die Tour endet.

24

Halden-Giganten und Schloss-Pracht

Von Marl nach Herten und zurück

mittel 39,6 km 303 Hm 3.40 Std.

Highlight: Halde Hoheward

Ausgangs- und Endpunkt
Bahnhof Marl-Mitte

GPS
51.654404, 7.099682

Anfahrt
Der Bahnhof Marl-Mitte ist an die S-Bahnlinie 9 angeschlossen und u. a. von Haltern am See, Gelsenkirchen, Gladbeck, Bottrop, Essen und Wuppertal zu erreichen (www.abellio.de).

Tourencharakter
Die Tour ist relativ straßenlastig, führt aber nur in sehr kurzen Abschnitten direkt über stärker befahrene Verkehrsachsen. Ansonsten geht es über ruhige Nebenstraßen, Nutz-, Feld- und Radwege.

Informationen
www.ruhr-tourismus.de
www.marl.de
www.herten.de

Zugegeben, die Rundtour verläuft im ersten Abschnitt nicht unbedingt durch die schönsten Ecken des Ruhrgebiets, dafür warten entlang der abwechslungsreichen Route eine Reihe lohnenswerter Stopps.

Innenstadtsee Startpunkt ist der Bahnhof Marl-Mitte. Wir rollen die Rampe hoch und am Wendekreis am Marsweg entlang geradeaus in die gegenüberliegende Grünanlage. Wenn wir auf die Merkurstraße treffen, biegen wir links ab. Mithilfe der Ampel überqueren wir die Willy-Brandt-Allee. Wir halten uns an der Gesamtschule rechts, rollen am Parkplatz entlang, um links in den Fuß- und Radweg abzubiegen. Wenn wir auf einen Wendeplatz an der Kreuzstraße treffen, biegen wir rechts ab über die Brücke. Wir folgen der Brüderstraße durch das Wohngebiet. Vor Erreichen der Ampel halten wir uns links auf die Rampe, um mithilfe der Brücke die Hervester Straße zu überqueren.

City-See in Marl

Wir kommen zum Park rund um den Marler City-See. Das 2010 angelegte Gewässer mit seiner knapp 440 qm großen Insel misst eine Fläche von gut 18.250 qm und gilt als wichtiger Lebensraum für Vögel, Insekten und Amphibien.

Silberhäuser Vor dem See biegen wir links ab, rollen Richtung Parkhotel. An der ersten Möglichkeit halten wir uns links aus dem Park hinaus, biegen rechts in die Sicklingmühler Straße ab und kurz darauf links in die Von-Galen-Straße. Hier liegen mit den Silberhäusern ungewöhnliche Häuser mit halbrundem, silber-glänzendem Dach und silberner Außenwand. Wir biegen links in die Schüttfeldstraße ab, folgen dieser bis zur T-Kreuzung und biegen links in die Bonifatiusstraße ab. Rechter Hand liegt hier die St.-Bonifatius-Kirche. An der Ampel geht es links in die Bassertstraße. Mithilfe der folgenden Ampel überqueren wir die Hervester Straße und passieren das Finanzamt.

Ein Zug steht Kopf An der nächsten beampelten Kreuzung liegt linker Hand das Theater Marl. Vor dessen Portal sorgt eine auf den Kopf gestellte Lokomotive für einen ungewöhnlichen Blickfang. „La Tortuga“, so der Name des ausrangierten Schienenrosses, ist eine Installation von Wolf Vostell. Die aus der Zeit des Zweiten Weltkriegs stammende Lok entspricht dem Zugtyp, der zur Nazi-Zeit sowohl Nachschub an die Front als auch Menschen in Konzentrationslager brachte. Entsprechend fungiert der umgedrehte Zug als Mahnmal für Menschlichkeit und ihren Verlust im Nationalsozialismus.

Schloss Herten

Nach Polsum Die Brassertstraße geht in die Barkhausstraße über. An der nächsten Ampel biegen wir rechts ab in die Hochstraße (B 225). Diese geht in die Breite Straße über. An der Ampel überqueren wir die Westerholter Straße und rollen geradeaus entlang der Polsumer Straße. Am Ortsausgang von Marl wechseln wir auf den Radweg auf der linken Seite. Wir erreichen mit Polsum einen Stadtteil von Marl und biegen nach dem Ortseingangsschild links ab in die Straße Im Breil. Wir überqueren die beampelte Kreuzung mit der Dorfstraße und rollen über die Friedhofstraße. Wir biegen, kurz bevor die Friedhofstraße nach links abschwenkt, links in den Hellweg ab. Es geht vorbei am Friedhof und durch Felder und Wiesen. An der T-Kreuzung biegen wir vor dem Jesus-Kreuz rechts ab.

Reihenweise Zechenhäuser Wenn wir auf eine Vorfahrtsstraße treffen, biegen wir links ab. Wir rollen unter einer Brücke hindurch und erreichen Herten. Wir folgen der Bertlicher Straße vorbei an der historischen Arbeitersiedlung Bertlich. Wenn wir auf die Marler Straße treffen, überqueren wir diese geradeaus und folgen der Geschwisterstraße. Wenig später ist mit Westerholt ein weiterer Ortsteil von Herten erreicht. An der T-Kreuzung halten wir uns links in die Egonstraße. Direkt an der nächsten Kreuzung findet sich mit dem *Fousek* eine Einkehrmöglichkeit. Wir folgen der Geschwisterstraße, halten uns an der Ampel rechts auf die Bahnhofstraße. Nachdem wir die Brücke unterquert haben, rollen wir am Kreisverkehr geradeaus.

Schlosspracht Mithilfe der Ampel überqueren wir die Hertener Straße und folgen ein Stück der Breite Straße. An der zweiten Möglichkeit geht es rechts in die Obringstraße. An der Ampel überqueren wir die Westerholter Straße und folgen dem Radweg parallel zur Hertener Straße. An der T-Kreuzung biegen wir links ab auf den Resser Weg. An der Ampel geht es rechts in die Straße Im Schlosspark. Wenig später liegt linker Hand die Zufahrt zum Schloss Herten. Das Wasserschloss liegt in einem weitläufigen Park und wurde 1376 erstmals urkundlich erwähnt. Sein heutiges Aussehen erhielt

Guten Appetit

Das von außen eher unscheinbare *Fousek* (Geschwisterstraße 47, 45701 Herten, Tel. 0209/355 58) bietet solide deutsche Küche, aber auch internationale Gerichte an. Das beliebte Speiselokal verfügt über einen großzügigen beschatteten Biergarten.

Radfahrer an der Zeche Ewald

das Ensemble im 16./17. Jahrhundert durch den Coesfelder Baumeister Henric de Suer und dessen Sohn Johann. Heute präsentiert sich das Schloss als zweiteilige Anlage mit Hauptburg sowie einer auf einer Insel gelegenen Vorburg. Wir rollen am Schloss vorbei über die Holzbrücke, halten uns rechts am Teich entlang über die Allee.

Zeche mit Erlebnischarakter Nach dem ersten von zwei Teichen biegen wir links ab und an der T-Kreuzung ebenfalls. An der nächsten T-Kreuzung geht es nach rechts. Wenn wir nach der Schranke auf die Gelsenkirchener Straße treffen, überqueren wir diese und halten uns nach links auf den Radweg. An der nächsten Ecke biegen wir rechts ab in die Ewaldstraße. Nachdem wir die Brücke unterquert haben, halten wir uns an der nächsten Möglichkeit links und erreichen über die Werner-Heisenberg-Straße das Gelände der ehemaligen Zeche Ewald. Das Bergwerk war von 1872 bis zum Jahre 2000 in Betrieb. Erhalten geblieben sind neben dem Malakow-Turm über Schacht 1 u. a. das Stahlkastenstrebengerüst über Schacht 2 und das Doppelbock-Fördergerüst am ehemaligen Förderschacht 7. Das Areal ist heute ein beliebter Freizeittreff mit Gastronomie.

Halden-Gigant Vor dem RevuePalast Ruhr, der ein breites Programm von Kabarett über Theater bis hin zu Konzerten bietet, halten wir uns rechts, rollen am Fördergerüst vorbei unter dem Torbogen im Gebäude durch und halten uns vor der Maschinenhalle Süd auf den Fuß- und Radweg. Wir gelangen zum Fuß der Halde Hoheward, die zusammen mit der angrenzenden

Sonnenuhr auf der Halde Hoheward

Halde Hoppenbruch die größte Haldenlandschaft Europas bildet. Vor den Treppen zur Aussichtsplattform halten wir uns rechts, um im Zickzack auf die Halde hinauf zu gelangen. Von der Aussichtsplattform, der Ewald-Empore, folgen wir der nächsten Rampe weiter hinauf und gelangen zu einem Aussichtsturm. Vor dort strampeln wir in Richtung Horizontobservatorium und folgen dem selbsterklärenden Weg zur Sonnenuhr. Von hier geht es im Zickzack die Halde wieder hinunter.

Zickzackkurs Wenn wir auf einen breiten geschotterten Weg treffen, fahren wir die Halde zunächst nicht weiter hinunter, sondern folgen dem Weg nach links an der Halde entlang. Am Balkon Nummer 3 biegen wir rechts ab und fahren im Zickzack bergab. An dem kleinen, mit Gabionen gesäumten Platz biegen wir rechts ab und an der nun folgenden Straße (Am Handweiser) rechts auf den Radweg. Wir überqueren die Herner-/Cranger Straße und halten uns halbschräg gegenüber auf den Fuß- und Radweg, den Nonnenbuschweg. Wir folgen diesem unter der A2 hindurch, bevor es an der T-Kreuzung links in die Franziskanerstraße geht. Nach einem Parkstreifen halten wir uns an der nächsten Möglichkeit rechts. Wir überqueren die nächste Kreuzung geradeaus und folgen dem Fuß- und Radweg durch den Wald. Wir treffen auf eine verkehrsberuhigte Straße, den Reitkamp. An der T-Kreuzung geht es links. An der Ampel überqueren wir die Kaiserstraße und rollen geradeaus über die Josefstraße.

Gründerzeitfassade Wir passieren erneut eine alte Zechensiedlung, biegen links in die Straße Pothmannshof ab und setzen an deren Ende den Weg über den Radweg fort. Wir überqueren die Bachstraße geradeaus und folgen der Altenburger Straße, die in einen Radweg übergeht. Wir überqueren einen

Ruhrgebiet-Erfahrung: Halde Hoheward

Aus Aufschüttungen der Zechen Recklinghausen II, Ewald und General Blumenthal/Haard entstand zwischen Herten und Recklinghausen mit der Halde Hoheward (www.hoheward.rvr.ruhr) eine rund 150 Meter hohe Berghalde. Weithin sichtbare Wahrzeichen der riesigen Haldenlandschaft sind das Horizontalobservatorium sowie eine fast 3000 Quadratmeter große Sonnenuhr mit Obelisk.

Radweg (Allee des Wandels) geradeaus und rollen bergan. An der T-Kreuzung halten wir uns links und sofort rechts unter der Brücke hindurch. Am Kreisverkehr nehmen wir die zweite Ausfahrt. Wir passieren das Areal der ehemaligen Zeche Scherlebeck in Herten. Gut erhalten ist die mit einer Gründerzeitfassade ausstaffierte Maschinenhalle des 1898 gegründeten Steinkohlebergwerks. Es geht vorbei an Zechenhäusern, wir überqueren die Elper Straße und folgen der Scherlebecker Straße vorbei am Spargelhof Schulte-Scherlebeck.

Horizontalobservatorium auf der Halde Hoheward

Landpartie Nach einer Linkskurve nehmen wir den ersten Abzweig nach rechts in die Riedstraße und sofort links in Richtung Fischteiche. Wir rollen links an den Teichen vorbei und folgen dem Weg am Rande eines Feldes in einem Linksbogen. An der T-Kreuzung vor dem Waldstück geht es links. Wenn wir an ein Feld kommen, halten wir uns an dessen Ende rechts. Wir treffen auf die B 225, überqueren diese und strampeln über die Eichenstraße. Wenn wir an einem Bauernhof auf eine Kreuzung treffen, fahren wir geradeaus und an der nächsten T-Kreuzung rechts in den Wellerfeldweg. An der folgenden Gabelung halten wir uns links und rollen auf der Freerbruchstraße. Wir überqueren die Straße Langehegge, um weiter der Freerbruchstraße zu folgen. An der ersten Möglichkeit geht es links auf den Fuß- und Radweg. An der Ampel überqueren wir die Herzlia-Allee und folgen weiter der Freerbruchstraße, die schließlich in die Kösliner Straße übergeht.

Endspurt Nach einer Linkskurve biegen wir rechts in den Radweg, der leicht zu übersehen ist. Das ist unmittelbar vor dem Haus Nummer 18. Der Weg geht in die Kolberger Straße über; wenn diese nach links abknickt, folgen wir dem Radweg und fahren an der T-Kreuzung nach rechts. Am Wendehammer an der Kreuzstraße geht es geradeaus weiter. Wir kommen zum Parkplatz der Schule, folgen der Zufahrt in einem Rechts-Links-Bogen und gelangen an die Willy-Brandt-Allee. Wir überqueren diese und rollen über die Merkurstraße. An der ersten Möglichkeit geht es rechts in die Grünanlage. Der Radweg bringt uns im Linksbogen durch die Anlage zum Marsweg. Hier liegt der Zugang zum Bahnhof Marl-Mitte, dem Startpunkt.

25

Zwischen Phoenix-See und Emscherquelle

Von Dortmund nach Schwerte

mittel | 41,9 km | 355 Hm | 3.00 Std.

Highlight: Phoenix-See

Ausgangspunkt
Hauptbahnhof Dortmund

GPS
51.517500, 7.458889

Endpunkt
Bahnhof Schwerte

Anfahrt
Der Hauptbahnhof in Dortmund ist Haltepunkt zahlreicher ICE-, IC-, Regionalbahn- und S-Bahn-Verbindungen. Im Bahnhof Schwerte halten mehrere Regionalbahnen (RE 7, 13, 17, 53); mit diesen ist er von Dortmund, Hamm oder Hagen bequem zu erreichen (www.bahn.de).

Tourencharakter
Mit Ausnahme einiger kleinerer Teilabschnitte führt die Route über gut ausgebaute Radwege, landwirtschaftliche Nutzwege und ruhige Nebenstraßen. Immer wieder sind dabei verschieden lange Anstiege zu bewältigen.

Service
Radstation am Dortmunder Hauptbahnhof (Königswall 15, 44137 Dortmund, Tel. 0231/181 17 56, www.dobeq.de/bike, tgl. 7–20)

Informationen
www.ruhr-tourismus.de
https://visit.dortmund.de
www.schwerte.de

Die abwechslungsreiche Route verbindet die Dortmunder Innenstadt mit dem benachbarten Schwerte. Dabei wird einmal mehr deutlich, wie grün das Ruhrgebiet ist.

Nashorn mit Flügeln Startpunkt ist am Hauptbahnhof in Dortmund. Direkt gegenüber liegt mit dem Deutschen Fußballmuseum eine Pflichtstation für alle Freunde des Runden, das ins Eckige muss. Wir biegen zunächst rechts ab und folgen dem Radweg neben dem Königswall (B 54). Wenn der Königswall einen Linksbogen beschreitet, begegnen wir einem ersten „geflügelten Nashorn“. Die etwa zwei Meter lange und 1,5 Meter hohe Symbolfigur, bestehend aus einem künstlerisch gestalteten Nashorn mit Flügeln, sorgt an mehr als 100 Stellen im Dortmunder Stadtgebiet für einen Hingucker.

Kultur unterm U Am zweiten Abzweig nach rechts, der Brinkhofstraße, ziert ein riesiges Wandbild die Hausfront, gleichzeitig fällt der Blick auf das Dortmunder U. In der ehemaligen Brauerei ist heute das Zentrum für Kunst und Kreativität untergebracht. Wir rollen weiter über den Königswall, der in den Hohen Wall übergeht, und biegen rechts ab in die Josephstraße und an der nächsten Ecke rechts in die Amalienstraße. An der T-Kreuzung geht es links in die Lange Straße. Rechter Hand sorgt ein weiteres Wandbild für einen Hingucker. Wir überqueren die Möllerstraße an der Ampel geradeaus, um der Lange Straße vorbei am Westpark zu folgen.

Auf den Emscher-Weg Wir passieren den S-Bahnhalt Dortmund-West und fahren, nachdem wir die Bahngleise überquert haben, links in den Hahnenmühlenweg. An der T-Kreuzung halten wir uns links und rollen durch den Tunnel. Wir biegen dann rechts in die Straße Am Mühlenberg ab. Wir überqueren mithilfe einer Brücke die Emscher und biegen links auf den Radweg ab. Der Emscher-Weg führt am Rand der Kleingartenanlage Im Wiesengrund entlang. Ein lang gezogener Anstieg bringt uns im Bogen unter der A 40 hindurch. An der T-Kreu-

Dortmunder U – Zentrum für Kunst und Kreativität

zung halten wir uns links. Wenn der Weg sich nach einem weiteren Anstieg gabelt, wiederum links. Von hier fällt der Blick auf den Signal-Iduna-Park, die Heimspielstätte von Fußball-Bundesligist Borussia Dortmund. An der T-Kreuzung halten wir uns nach rechts. Wenn die kleine Straße schließlich auf die Emil-Figge-Straße trifft, biegen wir links ab.

Kapelle am Wegesrand Wenn rechter Hand die Margarethenkapelle erscheint, folgen wir der abknickenden Vorfahrt nach links auf der Straße An der Palmweide. Nach einem weiteren Anstieg treffen wir an einer beampelten Kreuzung auf den Krückenweg, den wir geradeaus überqueren, um ein Stück über den Helenbergweg zu rollen. An der ersten Möglichkeit biegen wir links ab auf die kleine Straße, die talwärts führt. Die Straße geht in einen geschotterten Weg in einem Waldstück über. An der T-Kreuzung im Wald halten wir uns links und, nachdem wir die Emscher überquert haben, wieder rechts. Es folgt ein kurzer Anstieg mit Kleingärten zur Linken. An der nächsten T-Kreuzung biegen wir rechts ab, an der T-Kreuzung – hier liegt rechts ein Fitnessparcours – nach links. Wenn wir auf eine Straße treffen, halten wir uns rechts und gelangen zum Dortmunder Stadtteil Brünninghausen.

Im Schatten des Westfalenparks Mithilfe der Ampel überqueren wir die Ardeystraße und halten uns links. Auf der gegenüberliegenden Seite fahren wir sofort halblinks in den Wald hinein. Wir rollen unter einer Brücke hindurch und vor Errei-

chen der B54 (Ruhrallee) nach links. An der ersten Möglichkeit biegen wir rechts ab Richtung Hörde und unterfahren die B54. Es geht unter einer Brücke hindurch. Danach halten wir uns rechts. Wir fahren unmittelbar rechts über eine Holzbrücke an der Emscher, um dem leicht ansteigenden Radweg durch den Wald zu folgen. Linker Hand liegt der Westfalenpark. Schließlich geht es links über eine überdachte Brücke und auf der anderen Seite sofort wieder rechts. Dort, wo eine Brücke nach rechts abschwenkt und eine weitere Brücke direkt vor uns erscheint, halten wir uns links und rollen die Rampe hinauf.

Emscherkunst An der T-Kreuzung halten wir uns links und folgen auf dem Damm dem breiten Radweg. Auf diesem Stück begleiten uns Skulpturen, die Teil des Projektes „Emscherkunst" (www.emscherkunst.de) sind, einer internationalen Kunstausstellung im öffentlichen Raum. Vorbei an schmucken Einfamilienhäusern gelangen wir an den Phoenix-See im Dortmunder Stadtteil Hörde. Der bis zu 4,5 Meter tiefe See misst eine Länge von 1,23 Kilometern und eine Breite von 310 Metern. Ein 3,2 Kilometer Rundweg umschließt das Gewässer auf dem Gelände der ehemaligen Hermannshütte.

See sehen Wir folgen dem Radweg am Seeufer entlang. Nach etwa 13 Kilometern gefahrener Gesamtstrecke findet

Guten Appetit

In einem hübschen Wasserschloss im Herzen von Aplerbeck liegt das *Schlosscafé Rodenberg* (Rodenbergstraße 36, 44287 Dortmund, Tel. 0231/15 03 03 40). In dem altehrwürdigen Gemäuer und dem dazugehörigen Biergarten werden vor allem Kaffee- und Tee-Spezialitäten angeboten. Kuchen und Torten dürfen da natürlich nicht fehlen, ebenso wie kleine Mittagsgerichte, Salate und Suppen.

Phoenix-See in Dortmund

sich linker Hand ein kleiner Weinberg. Wenig später folgt ein Abzweig zum Aussichtspunkt auf dem sogenannten Kaisberg, der schöne Blicke auf den See und die 2.000 neuen Wohneinheiten rund um das Gewässer eröffnet. Wir rollen unter der B 236 hindurch und folgen dem Radweg parallel zur Emscher. Wir überqueren die Adelenstraße geradeaus, bis wir auf die Schürener Straße treffen. Hier halten wir uns rechts, um über die Brücke zu gelangen. An der nächsten Kreuzung halten wir uns schräg nach links in die Straße Schürener Vorstadt. An der nächsten Gabelung halten wir uns links. Wenn die Straße nach rechts abschwenkt, bleiben wir geradeaus auf dem Emscher-Weg.

Auf nach Aplerbeck An der T-Kreuzung vor dem Wehr halten wir uns links und an der nächsten Möglichkeit nach dem Hundeplatz wieder rechts. Nach dem Pumpenhäuschen geht es vor einer Kleingartenanlage nach rechts. Wir überqueren die Emscher und rollen nach links. Wenn vor uns ein bläuliches Haus erscheint, biegen wir rechts ab. Das ist etwa nach 16,4 Kilometern. Wir folgen nun der Ringofenstraße. Hier grüßt uns wieder ein Flügel-Nashorn. An der Ampel halten wir uns links in die Rodenbergstraße. Linker Hand findet sich das Rodenbergcenter.

Schlossansichten Rechter Hand liegt wenig später ein Teich. Auf einer Insel „thront" hier das Haus Rodenberg. Das Wasserschloss, dessen Geschichte bis ins Jahr 1290 zurückreicht, wird heute von der VHS sowie der Märchenbühne genutzt. In dem Ensemble ist auch das Schlosscafé Rodenberg untergebracht. Am Ende des Teichs halten wir uns rechts auf den Fuß- und Radweg, der direkt am Haus Rodenberg vorbeiführt. Wir ge-

Emscher-Kunst unweit des Phoenix-Sees

langen zum Marktplatz mit dem historischen Rathaus von Aplerbeck, das im Jahre 1907 nach Plänen von Wilhelm Stricker fertig gestellt wurde. Wir halten uns links, überqueren die Köln-Berliner Straße und folgen der Emschergasse. Der Weg schwenkt nach rechts ab und an der ersten Möglichkeit geht es wieder nach links.

An der Emscher lang Wir rollen über einen Schulhof, den sich die Hauptschule Aplerbeck und die Emscherschule Aplerbeck teilen, und zweigen an der ersten Möglichkeit links auf den Fuß- und Radweg ab. Wir überqueren die Schweizer Allee, die Abteistraße, die Vieselerhofstraße und Sölder Straße geradeaus, um weiter dem Emscher-Weg zu folgen. Wir rollen nun über die Nathmerichstraße. Wenn wir an der T-Kreuzung auf die Straße Am Kapellenufer treffen, halten wir uns geradeaus. Der Radweg endet an der Schäferkampstraße. Hier biegen wir links vor einem Industriebetrieb ab. Nach einer Rechtskurve folgt ein Anstieg. An der ersten Möglichkeit geht es rechts in die Rausinger Straße. Hier ist es Richtung Holzwickede ausgeschildert. Wir folgen dem Verlauf der Rausinger Straße, biegen am ersten Abzweig rechts in die Gartenstraße ab. Diese geht in einen Fuß- und Radweg über, dem wir folgen.

Durch Holzwickede Wir rollen unter der Brücke durch und an der nächsten Möglichkeit nach links in die Vinckestraße. Wir überqueren die Hauptstraße von Holzwickede geradeaus und folgen der Parkstraße, um in Höhe der Bäckerei rechts in den Park abzubiegen. Linker Hand liegt die Evangelische Kirche

Ruhrgebiet-Erfahrung: Emscherquellhof

Die 81,5 Kilometer lange Emscher entspringt südlich der Holzwickeder Innenstadt auf dem Gelände des Emscherquellhofs (Quellenstr. 2, 59439 Holzwickede, Tel. 02301/91 98 17, Quelle frei zugänglich; Ausstellung jeden 2. und 4. So im Monat 11–16 sowie nach vorheriger tel. Anmeldung). Der ehemalige Lünschermannshof, dessen Geschichte bis 1801 zurückreicht, besteht aus einem Fachwerkensemble mit Hauptgebäude, Stall sowie ehemaligem Backhaus. Genutzt wird der Komplex heute als Fortbildungsstätte und für Ausstellungen über die wasserwirtschaftliche und industriegeschichtliche Entwicklung der Emscher. Im Innenhof des Anwesens liegt in einem Teich der Quellbereich der Emscher.

Haus Rodenberg in Aplerbeck

am Markt. Wenn der Weg in der Grünanlage nach rechts abschwenkt, halten wir uns links. Wenn wir wieder auf eine Straße treffen, die Opherdicker Straße, fahren wir nach rechts. Wir überqueren die Hauptstraße geradeaus und halten uns links auf den Fuß- und Radweg. Am ersten Abzweig geht es rechts auf den Lünschermannsweg Richtung Emscherquellhof. Wenn der Weg sich gabelt, halten wir uns links und an der T-Kreuzung abermals links.

Bergbaugeschichte Wenig später liegt rechter Hand der Wetterschacht Margarethe. Obschon dieser auf Holzwickeder Boden liegt, gehörte er zum ehemaligen Bergwerk Vereinigte Margarethe in Dortmund. Die Schachtanlage wurde von 1900 bis 1926 genutzt und dann verfüllt. An der nun folgenden T-Kreuzung biegen wir rechts ab auf die Quellenstraße.

Emscherquelle Wer hier links abbiegt, kommt zum Emscherquellhof, einem Fachwerkensemble, das die Emscherquelle umgibt. Wir folgen der Quellenstraße bis zum Ende, um links in die Landskroner Straße abzubiegen. An deren Ende nehmen wir nach einem langen Anstieg rechts die Römerstraße. An der nächsten Möglichkeit geht es links in die Teutonenstraße. An der folgenden T-Kreuzung fahren wir rechts in die Lichtendorfer Straße, um mithilfe einer Brücke über die A1 und zum Ortseingang von Hengsen, einem Stadtteil von Holzwickede, zu gelangen. Am Kreisverkehr nehmen wir die dritte Ausfahrt, biegen quasi nach links ab in die Massener Straße und sofort

Historisches Rathaus in Aplerbeck

rechts in die Oststraße. Wir überqueren die Holzwickeder Straße geradeaus, folgen der Straße Stennert und halten uns rechts in den Krämersweg.

Durch Opherdicke Wenn wir im Ortsteil Opherdicke auf die Dorfstraße treffen, biegen wir rechts ab und kurz darauf links in die Kuhstraße. Es folgt eine Schussfahrt durch ein Waldstück. Wenn wir wieder auf eine Straße treffen, die Mühlenstraße, biegen wir rechts ab. Wir überqueren nach einer Talfahrt die Langscheder Straße und folgen der Ruhrstraße. Bevor diese unter einer Brücke hindurchführt, halten wir uns rechts Richtung Schwerte. Die kleine Straße heißt Lappenhausen. Kurz bevor diese nach rechts abschwenkt, biegen wir im 180-Grad-Bogen nach links auf den Weg an der Schranke ab.

Stausee-Staunen Der Weg durch den Wald bringt uns ans Ufer des Stausees Hengsen. Wir folgen dem selbsterklärenden Weg durch den Wald. Wenn wir auf ein Wohngebiet treffen, folgen wir der Straße Zum Kellerbach geradeaus. An deren Ende geht es rechts in die Straße Zum Wellenbad und sofort links in die Geisecker Talstraße. Nach einer Reihe von Fachwerkhäusern biegen wir an der T-Kreuzung links ab in die Dorfstraße und an der nächsten Gabelung links in die Straße Am Brauck. Diese geht in einen Fuß- und Radweg über. An der T-Kreuzung halten wir uns rechts. Wir folgen der schnurgeraden Strecke durch ein Wasserschutzgebiet. Vor einem Tor biegen wir rechts über die Brücke ab und sofort wieder nach links. An der folgen-

den Brücke schwenkt der Weg wieder nach links über eine Brücke; an der T-Kreuzung geht es nach rechts. Wir rollen durch einen Tunnel unter der B 236 und biegen rechts ab.

Skulptur auf dem Emscher-Radweg

Durch Schwertes Altstadt Wir folgen dem Radweg bis zur Ostenstraße, in die wir links abbiegen, überqueren die Brückstraße und fahren geradeaus in die Hagener Straße. Dann biegen wir rechts in den Westwall ab und wenig später links in die Hüsingstraße. Wir passieren den Postplatz, rollen an der Sparkasse vorbei über die Bahnhofstraße und über die Kreuzung hinweg. Unmittelbar vor der Bahnunterführung liegt linker Hand der Bahnhof von Schwerte, wo die Tour endet.

Emscherquellhof in Wickede

Für jeden Tag die richtige Tour

1	●	Drei-Städte-Genuss	34,7 km	143 Hm	2.20 Std.	●	●	●				●
2	●	Landpartie rund um Unna	46,1 km	352 Hm	3.10 Std.	●	●	●				●
3	●	Römische Geschichte am Südsee-Rand	24,3 km	9 Hm	1.50 Std.	●	●	●	●		●	●
4	●	Panorama-Route rund um Hamm	33,5 km	137 Hm	2.45 Std.	●	●	●	●			●
5	●	Durch die Ruhrgebiets-Tropen	38,3 km	185 Hm	2.50 Std.	●	●	●	●			●
6	●	Rund um Duisburg	36,7 km	127 Hm	2.30 Std.	●	●	●				●
7	●	Rund um Lünen	52,9 km	242 Hm	4.00 Std.	●	●	●				●
8	●	Von Kanal zu Kanal	41,6 km	266 Hm	3.15 Std.	●	●	●				●
9	●	Rund um Wattenscheid	33,4 km	296 Hm	2.45 Std.	●	●	●				●
10	●	Stadt, Land, Fluss	24,5 km	78 Hm	2.00 Std.	●	●	●				●
11	●	Kunstgenuss im Quadrat	8,3 km	52 Hm	0.45 Std.	●	●	●			●	●
12	●	Ruhr-Genuss pur	31,0 km	75 Hm	1.45 Std.	●	●	●				●
13	●	Rund um Herne	17,8 km	135 Hm	1.30 Std.	●	●	●				●
14	●	Ein Fluss, zwei Seen, fünf Städte	30,1 km	199 Hm	2.15 Std.	●	●	●			●	●
15	●	Von Bochum nach Hattingen	19,4 km	213 Hm	1.20 Std.	●	●	●				●

Nr.		Tour	Länge	Höhenunterschied	Fahrzeit	Einkehr	kindergeeignet	Sehenswürdigkeit	viel Sonne	schattiger Weg	Baden	ÖPNV
16	●	Zwischen Lippe, Kanal und Colani-Ei	32,5 km	236 Hm	2.20 Std.	●	●	●	●			●
17	●	Rund um Oberhausen	34,8 km	135 Hm	2.30 Std.	●	●	●				●
18	●	Römische Geschichte und Hafenflair	34,0 km	167 Hm	2.20 Std.	●	●	●				●
19	●	Uferwege, Bahntrassen und Schlossblick	35,0 km	281 Hm	2.30 Std.	●	●	●				●
20	●	Landpartie im Hammer Westen	21,2 km	92 Hm	1.25 Std.	●	●	●				●
21	●	Kloster-Kult und Alpen ohne Berge	37,5 km	188 Hm	3.30 Std.	●	●	●				●
22	●	Landpartie im Drei-Städte-Eck	36,4 km	112 Hm	2.20 Std.	●	●	●				
23	●	Weltkulturerbe erfahren	13,8 km	135 Hm	2.30 Std.	●	●	●				●
24	●	Halden-Giganten und Schloss-Pracht	39,6 km	303 Hm	3.40 Std.	●	●	●				●
25	●	Zwischen Phoenix-See und Emscherquelle	41,9 km	355 Hm	3.00 Std.	●	●	●				●

Piktogramme erleichtern den Überblick

- Länge
- Höhenunterschied
- Fahrzeit
- Einkehr
- kindergeeignet
- Sehenswürdigkeit
- viel Sonne
- schattiger Weg
- Baden
- ÖPNV

Register

Impressum

Dank
Ein besonderes Dankeschön für die Unterstützung bei der Erstellung dieses Radführers gilt neben den Tourismusstellen in den verschiedenen Städten insbesondere Silke Munk, Susanne und Thorsten Hazekamp sowie Sabine und Martin Schockhoff, die mir nicht nur mit Rat und Tat sowie Ideenreichtum zur Seite gestanden, sondern selbst bei vielen Touren mit in die Pedale getreten haben.

Verantwortlich: Dr. Johannes Abdullahi
Redaktion und Lektorat: Dr. Rainer Schöttle
Layout: Elke Mader
Repro: Cromika
Kartografie: Bruckmann Verlag GmbH, Heidi Schmalfuß
Herstellung: Stephanie Schlemmer
Printed in Slovenia by Flojancic

★ ★ ★ ★ ★

Sind Sie mit diesem Titel zufrieden? Dann würden wir uns über Ihre Weiterempfehlung freuen. Erzählen Sie es im Freundeskreis, berichten Sie Ihrem Buchhändler, oder bewerten Sie bei Onlinekauf. Und wenn Sie Kritik, Korrekturen, Aktualisierungen haben, freuen wir uns über Ihre Nachricht an den Bruckmann Verlag, Postfach 40 02 09, D-80702 München oder per E-Mail an lektorat@verlagshaus.de.

Unser komplettes Programm finden Sie unter www.bruckmann.de

Alle Angaben dieses Werkes wurden von den Autoren sorgfältig recherchiert und auf den neuesten Stand gebracht sowie vom Verlag geprüft. Für die Richtigkeit der Angaben kann jedoch keine Haftung übernommen werden, weshalb die Nutzung auf eigene Gefahr erfolgt. Insbesondere bei GPS-Daten können Abweichungen nicht ausgeschlossen werden. Sollte dieses Werk Links auf Webseiten Dritter enthalten, so machen wir uns die Inhalte nicht zu eigen und übernehmen für die Inhalte keine Haftung.

In diesem Buch wird aus Gründen der besseren Lesbarkeit das generische Maskulinum verwendet. Weibliche und anderweitige Geschlechteridentitäten werden dabei ausdrücklich mitgemeint, soweit es für die Aussage erforderlich ist.

Empfehlung der Redaktion
Sie sind auf der Suche nach weiterführender Literatur? Dann empfehlen wir Ihnen den Titel *Das Münsterland erfahren* von Linda O'Bryan und Hans Zaglitsch. Oder Sie werfen einen Blick in die Zeitschrift *Bergsteiger*. Hier werden Sie bestimmt fündig.

Bildnachweis:
Alle Bilder im Innenteil und auf dem Umschlag stammen vom Autor, mit Ausnahme von S. 155 (mauritius images/Alamy/Hans Blossey)
Umschlagvorderseite: Ripshorst-Brücke am Rhein-Herne-Kanal (mauritius images/United Archives)
Umschlagrückseite: Am Rhein-Herne-Kanal (Tour 17)

Die Deutsche Nationalbibliothek verzeichnet diese Publikation in der Deutschen Nationalbibliografie; detaillierte bibliografische Daten sind im Internet über http://dnb.d-nb.de abrufbar.

© 2021 Bruckmann Verlag GmbH
Infanteriestraße 11a
80797 München

ISBN 978-3-7343-1378-3